致　東尼・威廉斯（Tony Williams）

言念再思叢書

# 我們沒有敵人

## 暴力世界中的復和使者

塞繆爾・韋爾斯、
瑪西婭・歐文／著
陳永財／譯

基道出版社

▼

信念再思叢書

# 我們沒有敵人

## 暴力世界中的復和使者

## Living Without Enemies

### Being Present in the Midst of Violence

作者
塞繆爾．韋爾斯 Samuel Wells
瑪西婭．歐文 Marcia A. Owen

譯者
陳永財

責任編輯
羅慧琪

裝幀設計
奇文雲海．設計顧問

■

出版 / 發行
基道出版社
香港沙田火炭坳背灣街 26 號富騰工業中心 1011 室
LOGOS PUBLISHERS
Unit 1011, Fo Tan Ind. Centre, 26 Au Pui Wan St., Shatin, Hong Kong
電話：(852) 2687-0331　傳真：(852) 2687-0281
網址：http://www.logos.com.hk

承印
陽光印刷製本廠

●


3/2015 初版
Cat. No. LP937
ISBN: 978-962-457-495-1
Originally published by InterVarsity Press as *Living Without Enemies*
by Samuel Wells and Marcia A. Owen.

Printed in Hong Kong



| 刷次 | 10 | 9 | 8 | 7 | 6 | 5 | 4 | 3 | 2 | 1 |
|---|---|---|---|---|---|---|---|---|---|---|
| 年份 | 2024 | 2023 | 2022 | 2021 | 2020 | 2019 | 2018 | 2017 | 2016 | 2015 |

# 目錄

# 英文版系列前言

## 復和資源書系

復和資源書系是大學校園出版社（InterVarsity Press）及杜克神學院（Duke Divinity School）復和中心（Centre for Reconciliation）的合作計劃。這個書系處理的，是在破碎的地方中追尋盼望是甚麼意思。這些破碎的地方，包括家庭、城市、貧窮、殘障、基督教和伊斯蘭教、民族及種族分歧、暴力衝突及自然環境。這個書系嘗試就復和，作為上帝的使命，以及走向上帝在基督裏的新創造的旅程，提供一個全新和獨特的視角。每本書都由兩位領導人物合作寫成，一位來自踐行的領域，或者具有服務民眾的經驗；另一位則來自學術圈。每本書都以聖經的故事為基礎，連結痛苦和盼望的故事和地方，嘗試幫助讀者忠心地生活。所以這個書系內容十分豐富，結合了神學、處境和踐行。

這個書系孕育自杜克神學院復和中心的使命：**藉著培養新領袖，傳遞智慧和盼望，以及在外展中結連，增強領**

**導能力，在分裂的世界中推進上帝的復和使命**。分裂的世界需要有異象、靈命成熟，並具有走上復和之路所需的日常技能的人。教會需要新的資源——結合聖經的異象、社會及歷史分析的社會技能，以及靈性和社會領導的實際恩賜，才能夠在真實的地方，從教會到羣體，追求復和。

復和的服事不是專家的專利。它是上帝使命的核心，也是基督徒生活每天的呼召。這些書籍要裝備和激勵上帝的百姓，令他們在破碎的世界中成為更忠心的復和使者。

如果想取得更多資料，歡迎電郵杜克神學院復和中心查詢，電郵地址是 reconciliation@div.duke.edu，也可以瀏覽我們的網頁：http://divinity.duke.edu/initiatives-centers/center-reconciliation。

加通格萊（Emmanuel Katongole）

賴斯（Chris Rice）

中心聯席總監及系列編輯

# 致謝

在這個計劃後面有很多人，站在前台的則有兩位。這些站在後面的人，包括梅爾．威廉斯（Mel Williams）和鄧巴（Leslie Dunbar），他們一起創立了非暴力達勒姆宗教聯盟（Religious Coalition for a Nonviolent Durham）；達勒姆教會行動（Durham Congregations In Action）的前行政總監大衛．懷恩（David Winer），他是首個帶領那些守夜聚會的；羅德尼和約蘭特．埃利斯（Rodney and Yolanda Ellis），以及達勒姆一間新教會——波浪（The Wave）的成員；莫斯利（Anna Lee Mosley）、戴安娜．瓊斯（Diane Jones）、路芙．瓊斯（Ruthy Jones）、佩奇（Bernie Page）、內莉．瓊斯（Nellie Jones）、古德．帕默（Gudrun Parmer）、布倫達．詹姆斯（Brenda James）、雷諾茲（Kacey Reynolds）、羅斯（Joanie Ross）、利婭．威爾遜—哈特格雷夫（Leah Wilson-Hartgrove）、卡羅拉克（Linda

Karolak)、斯蒂爾(Effie Steele)、克雷(Maryann Crea)、格蘭特(Betty Grant)、漢普頓(Mina Hampton)、茱蒂·沃斯(Judi Vos)、西莫內蒂(Ethel Simonetti)和所有締造和平的人,他們的領導使這個聯盟得以持續下去;還有在過去多年來,參加午餐會、作理事、獻上禱告、加入守夜、成為重拾信仰團隊成員的所有人。

賴斯、加通格萊和約拿單·威爾遜—哈特格雷夫(Jonathan Wilson-Hartgrove)把這個系列整理出來,並邀請我們加入其中,開始了這本書。幾位朋友看過手稿,提出有用的建議,特別是基斯(John Kiess)、丹尼斯(Mack Dennis)和阿什克羅夫特(Mary Ellen Ashcroft)。埃克隆德(Rebekah Eklund)出色、耐心和專業地將訪問記錄下來,收集原材料,審閱和改正手稿,以無數方式為修改和改進這本書提意見,她的工作是無可取代的。

很多人分享了他們的家人被謀殺的經驗。其中我們特別感激詹姆斯容許我們引述她的話。另一些如雲彩般的見證人,講述他們出獄和加入重拾信仰團隊的經驗。這些人中,我們想多謝科里·懷斯(Corey Wise),他和達勒姆朋友聚會(Durham Friends Meeting)結成伙伴;還有卡比·愛德華滋(Cubbi Edwards),他和杜克禮拜堂(Duke Chapel)

結成伙伴；特拉維斯．塞勒斯（Travis Sellers），他和達勒姆萊克伍德（Lakewood）的聖所聯合衞理教會（Sanctuary United Methodist Church）結成伙伴；以及多爾西．威廉斯（Dorsey Williams），他和達勒姆的三一聯合衞理教會（Trinity United Methodist Church）結成伙伴。他們提供這書每章開頭的反思內容。除了這些反思，還有一些參與地方教會，並加入了重拾信仰團隊的朋友的見證，包括：羅恩．蘭德弗里德（Ron Landfried）、艾拉．米勒（Ira Mueller）和邁克爾．紹米慈（Michael Somich）。這本書中講述的故事都是真實的，但我們更改了一些人名和可辨認的細節，藉以保護其中人士的私隱。

站在前台的是阿比．科克（Abby Kocher），她與我們的談話令這本書有可能出現，她的見證體現和見證了這書所引介的委身，而她和很多同事一起做了很多事情，令聯盟成為杜克禮拜堂生命的一部分，也令杜克禮拜堂成為聯盟生命的一部分。最後是東尼．威廉斯（Tony Williams），第六章裏詳細講述了他的故事，我們以謙卑的見證和感謝，將這本書獻給他。

塞繆爾．韋爾斯（Samuel Wells）和

瑪西婭．歐文（Marcia A. Owen）

# 導論

我們在二〇〇五年夏天相遇。森姆（Sam；譯按：本書作者韋爾斯的暱稱）剛從英國移居北卡羅萊納州（North Carolina）的達勒姆，擔任杜克大學附屬禮拜堂的主任牧師。他開始去了解本地教會和學生團體的情況。他想知道，他們相信基督最慣常在甚麼地方出現，他也想學習怎樣在那些地方「流連」（"hang out"；對他來說是個新詞語）。

森姆聽說城市另一邊的一條街上，會有一個守夜禱告聚會，記念一個在幾星期前於同一個地方被謀殺的年青人，他感到好奇。這聽起來似是森姆會預期基督出現的地方，於是他決定去那裏。在守夜聚會那裏，他發現有十多人，在炎熱得叫人難受的一個八月的黃昏聚集禱告，他們拿著紀念的物品，聆聽受害人的親屬說話，保持靜默，彼此表達溫柔和恩典。

森姆覺得這是他見過其中一件最美麗的事情。對於事奉，以及對於上帝，這事幾乎表達了他所相信的一切。他從不覺得事奉——或上帝——是關於令事情變得叫人快樂。長久以來，他都覺得事奉的核心——以及上帝的心——是關乎令事情變得美麗，即使它們不能叫人快樂。但十五年的事奉中，他從沒有見過任何事情，如此這樣美好地體現這信念。

這一小羣人沒有怎樣說話，卻經常擁抱；瑪西婭身在其中，她統籌這守夜聚會。森姆和瑪西婭未曾交談便擁抱了。他們還未知道對方的名字，便在彼此身上遇到上帝。在他們第一次見面後的六年裏，他們在彼此身上，以及在他們帶到彼此生命中的其他人身上，繼續遇見上帝。這本書是關於那相遇，那些人和那位上帝。

瑪西婭長期參與非暴力達勒姆宗教聯盟期間，參加過很多守夜聚會。這次和以往的一樣，守夜聚會令她謙卑和憂愁，是言語和理性不能解釋的。聚集的人哀悼，據稱被另一個青少年槍殺的十五歲男孩。四周不見有何權力或影響顯露出來——完全沒有建築物、崇拜規則、名譽、金錢、學術或機構。(現在)回想起來，那天下午在這樣不受注意的地方遇到森姆，瑪西婭承認她感到很驚訝，因為他來自精英機構，有具聲望的職銜。她認為自己需要向他解釋正在發生甚麼事。她記得自己說：「對我們無法估量的損失的惟一回應，是上帝無法估量的愛。」他點頭微笑。在那裏，主要是靜默和觸摸。接著只有很少言語。

＊＊＊

這本書是關於暴力的，特別是在一個城市的槍擊暴力。但這書的應用，超越這個問題和這個城市。這是本關於克服無力感和恐懼的書。它的對象，是覺得要關心困擾我們生命和社會的問題的所有人，以及要關心處於這些問題中心的人，但又不知道要怎樣處理這些問題，並且因為想到會遇到跟這些問題密切有關的人，而十分害怕的所有人。這本書是關於學習愛陌生人，走出第一步，跨越社會障礙，與別人建立關係。這本書是給那些發現貧窮是我們放在別人臉上的面具，用來掩飾他們的真實財富，而財富是我們放在別人身上的偽裝，用來隱藏他們深刻的貧窮的人。最終，這本書盼望能更新基督徒的異象，不單是對事奉的異象，也是對上帝的異象。

這本書結合了兩位作者的經驗和反省。第一章裏，森姆憑藉自己多年在社會弱勢地區中生活和工作的經驗，研究四種有相同之處但又獨特的參與方式。第二章包含了瑪西婭的旅程，顯示她對槍擊暴力這個問題的理解怎樣改變，增加，最終給轉化成一些方式，是說明和解釋這些不同參與方式的。

在接著三章，森姆提出一個結構和敘事，整合瑪西婭部分時間擔任非暴力達勒姆宗教聯盟總監這工作中，遇見和分享上帝的那些豐富和具挑戰性的經驗，突出我們共同的信念。這本書以一件事件作為結束，那事件將我們的事奉連結起來，使我們兩人所相信的，關於和好的一切，變得具體。最後，瑪西婭從她在這事奉的多年經驗中，提供十個收集得來的資料精華。

# 1 拿撒勒

我想到我與他們談論停止使用毒品和暴力的所有年青人。

我的生命可以給他們盼望。

——多爾西，重拾信仰團隊伙伴[1]

我已在達勒姆十七年。在這期間，超過五百人被殺。

還有多少人被槍傷卻沒有死去？可惜，我們要不是沒有

這些統計數字，就是沒有公佈數字。很可能因為當權者

認為，總數會令我們震驚。

——羅恩，重拾信仰團隊成員

瑪西婭第二個兒子出生後，她加入了當地一間聯合衞理教會的愛滋病關懷小組。她加入這個小組，因為她很多朋友都死於愛滋病，或者感染了這病。但他們都在紐約市，而她現在卻於北卡羅萊納州的達勒姆。她感到自己蒙召，在自己身處的地方回應愛滋病的現實。事工統籌員希望這個小組照顧一個母親和她兩個孩子。小組需要做的其中一件事，是送孩子去醫院，因為他們經常在半夜發高燒，情況很危險。不需要為他們叫救護車——只需要有人接送他們。但當提到他們家的所在時，每個人的反應大致都是：「那太危險了。我不能接送他們。」

瑪西婭聽到後，她裏面的良知有很大反應。她自己也是個母親，同情心油然而生。她記得自己大聲說：「但那裏有**孩子**。」她意識到這是她自己家鄉裏的一個鄰近地區，那裏的暴力情況是那麼嚴重，以致有些人永遠不會去那個地方。對瑪西婭來說，這突然顯得極為不公平。她不斷想：「上帝，憐憫我們吧。有**孩子**居住在這鄰近地區裏。」

瑪西婭十分清楚知道，不單她自己居住的鄰近地區，**整個**達勒姆都是她的社區。那裏沒有地方在她的社區「以外」。而她會去愛，超越恐懼。知道一些鄰近地區的孩子活在槍擊暴力的危險下，令她不能自在地生活。她不怪責或判斷那些說「我不能去那裏」的人，因為他們是對的。那**是**危險的。有人動用武器時，附近每一個人都有危險。你不知道那子彈會打中甚麼或何人。而且有**孩子**在那裏。因此瑪西婭與愛滋病關懷事工達成協議，她在那個地區會獨自工作，並接受他們監督和支持。

事工統籌員介紹她認識那個母親和她兩個孩子，他們都在愛滋病毒測試中呈陽性反應。那兩個孩子的年紀，分別比瑪西婭的兒子大一點和小一點。那個母親介紹瑪西婭認識地區中其他年輕母親。那個地方有很多孩子。一個美麗的年青女子問：「你會過來看看我的房子嗎？」她帶瑪西婭上樓，指著她嬰孩的睡牀，在欄杆上面一兩寸，有一些子彈孔。那個母親說：「這是昨晚的事。」

其他母親告訴瑪西婭，她們將孩子放在浴缸睡覺，因為那裏最安全，因為有人於駕車駛過時開槍。他們晝夜都聽到槍聲。浴缸是她們惟一認為安全的地方。(過去多年都有朋友從爐房致電給瑪西婭，因為他們相信，子彈橫飛時，那裏是最安全的藏身地方。)這些談話肯定了，在瑪西婭的教會中愛滋病關懷小組的人的擔心，也讓瑪西婭肯定，這不是上帝對這個社區的意願——這不是那國度。

「我們將孩子放在浴缸睡覺，因為他們在那裏最安全。」這些話使瑪西婭困擾。她可以怎樣回應這些話？她很快明白，這不單是給她的問題。嘗試回答這問題時，瑪西婭有很多發現。這本書就是關於這些發現的。

這些發現是從這裏開始的：有些事情不妥。人們在受苦。對此可以、應該，也必須做一些事。但要做甚麼？應該由誰做？怎樣、甚麼時候、在哪裏做？會帶來甚麼好處嗎？這些問題令人麻木、絕望和犬儒。不想為了錯誤的原因，以錯誤的方式，在錯誤的時間，錯誤的地方，做錯誤的事情，令很多人——或許是大部分人——甚麼事也不做。特別對於如槍擊暴力這樣的事情。

因此，在好像北卡羅萊納州達勒姆這樣的城市，每年有二十五到三十人的血繼續從地裏呼喊。被謀殺的人中，百分之八十都是槍擊事件的受害人。在整個美國，每天有八十五人死於槍擊暴力；其中九個是兒童。每年大約有三萬名美國人，包括三千名兒童，這樣死去。美國的兒童死於槍下的可能，比另外二十五個工業國加起來，還要多十六倍。[2] 這些是瑪西婭聽到的呼喊；這些都是原因，使她知道她的掙鬥，不單是個人和當地的。

這故事，是關於對槍擊暴力這特定悲劇的一個特定回應。但它的洞見，是為了在很多艱巨處境中，很多富挑戰性的問題上應用的。有很多問題引發恐懼和迷惑。有很多人享受或忍受一些狀況，是與他們自己的狀況十分不同，或考驗他們自己的狀況的。這章的目的，旨在提供一套辭彙，用來思想應付這些人和這些問題的好方法，和沒那麼好的方法。

## 參與的四個模式

大部分會眾裏都有一個積極和慷慨的成員，開始每次談話時都會問：「我可以怎樣幫忙？」我們很多人都想自己是這樣的人。但有時假設你是合適的人，在合適的地方，以及合適的時間，可以真正幫助別人之前，等候一下，聆聽一會，可能是明智的做法。你怎樣知道？以下的情景顯示回答那問題的一些方法。

想像你在雜貨店的停車場，你看到一個人離開商店，努力地拿著很多袋東西。讓我們不談你可能只會說：「那不是我的問題」，然後成功地將那人的困境，從你的想像和良心中驅走。讓我們假設你雙手沒有拿東西，你內心也願意幫忙。你可能怎樣做？讓我們看四個選擇。

選擇一是說：「讓我替你拿吧。」你走近那個忙亂的購物者，主動提出替他或她將袋子拿到車上。表面看來，這是簡單的任務，不需要多少時間。最後對方很可能會衷心說：「多謝！」而你回以「不用客氣。祝你有愉快的一天」。這可以稱為傳統的參與模式。這可以稱為「**為**別人**做事**」。你將那些袋子拿到車上，**為**那人**做事**。

選擇二是說：「我看到你拿著很多袋子。我個子比你高一點，讓我替你拿形狀較難提取的那幾個，好嗎？你可以拿那幾個比較細小的。這樣你便可以走到車子那裏，而不會有東西掉下來，也不會有袋子跌下來，你自己亦不會跌倒。」這裏浮現了一種更複雜的關係。你表達多一點尊重，承認那個從雜貨店出來的人可能想自己拿著那些袋子。你表達一種感覺，指出每個人，包括你和那個重擔過多的購物者，都可以出力把東西拿到車子那裏，你們一起可以完成一件事情，是你和他都不能獨自完成的。這種做法可以稱為「**與**別人**一起做事**」。在一個一起分擔的計劃裏，你**與**那個人**一起做事**，你們在其中配合不同的分析和技巧，藉以將袋子妥善地送到車上。

選擇三是說：「那似乎是很艱難的工作。我不知道你的生命是否如此這樣，好像這樣拿著沉重的擔子。你拿著袋子時，我可以陪伴你嗎？如果你想，我可以替你拿一點，但我非假設你正在找人替你拿走重擔。我只是猜想，你正在找人，在你的掙扎中陪伴你，使你不會孤立和孤單。」這段談話可能會被人錯誤詮釋。如果那人真的期望給予一次過的實際幫助，這說法可能被人視為不願給予幫助。另一方面，即使對於相對簡單的困難，沒有提供即時的解決方法，這也可以被視為一個傳達尊重和謙卑的行動。這種做法可以稱為「**與**別人一**起**」。你給予全心實際的同在，**與**那人一**起**，但你不厭其煩地強調，那情況的主動權完全在於對方，即使似乎可以令他們較舒適，你也不可以或者不應該嘗試從對方取去主動權。你實際可能很少，甚至完全沒有好像上文那樣，用言語表達所有這些情感，但你會愈來愈擅長以非言語的方式，表達這些情感。

選擇四是說：「我真的十分關心負重擔的兄弟姊妹，對他們也充滿熱誠。不過，我現在不能幫助或陪伴那人。我有點害怕，有點害羞，不知道怎樣在停車場與陌生人開展關係。我不想對方誤解我的行動，我也有其他事情需要做。但我十分相信上帝的旨意，是要我們互相分擔重擔，我想自己的生命朝這方向走，看見別人的掙扎時不將視線轉向其他地方。」這種內心的對話可能是一種自欺，但也可能完全真實。這是假設那人努力嘗試避免說：「那不是我的問題。」這可以稱為「**為**別人**存在**」。它和「**與**別人一**起**」

有些共通點，因為它不會假設，為別人的問題帶來解決方法總是可能，甚或是恰當的。它與「**為**別人**做事**」也有共通點，就是沒有直接告訴別人，甚麼是最好的行動。

一個在短時間內自發、人際間的例子，在這些限制內，這個簡單描述概括地提出，參與的四種取向的主要特點；那四種取向是**為**別人**做事**，**與**別人**一起做事**，**與**別人**一起**，以及**為**別人**存在**。

必須強調的是，這並不是嚴密的分類，只是粗略的傾向：一種取向與這些模式中的一個或以上重疊，是完全可能的。[3] 例如瑪西婭接觸達勒姆城的槍擊暴力問題時，每種取向都是一個重要組成部分，正如我們會在下一章看到的。對於每個分類，都有合適的時間和地方。這樣明確地提出這幾個分類，是要指出有很多基督徒的社會參與朝向「**為**別人**做事**」這既定定位，而我們不單強烈質疑這種取向，也要顯示「**與**別人**一起做事**」，以及特別是「**與**別人**一起**」，也可以是更恰當和更有成果的見證形式。

我們勾畫了這四種取向，現在打算將它們引入一個更廣闊的參照框架，讓我們清楚看到，每種取向都代表一種明確的傾向，要逐漸化解社會參與四周的張力。

## 說明四種取向

**為別人做事**。這是跨越階級和種族界限的傳統參與模式。一個人有需要，另一個人有技巧，也可以及願意幫忙。後者通常花很多時間鍛煉那些技巧，達到很高的水平，因而在特定環境的嚴格規則下，可運用那些技巧。這稱為專業。大部分醫療的專業都是這樣；法律專業也是這樣；牙醫也是這樣。醫生、律師和牙醫，**為**我們做我們自己不能做的事情。

這種傳統模式對我們想像力的控制是不會被高估的。整個大學的專業學系結構——醫學、法律、護理、工程、環境研究——很大程度上都以這個模式運作。幾乎每個上大學，想令這世界變得更好的大學生，都以為就是要這樣做：你十分擅長於你做的事情，你的餘生都會**為**人們做這事。

運用這「**為**別人**做事**」模式去應付社會不公平和混亂的問題，有三個實例。其中一個是專注於取得和運用行政及立法權力。一個城市中的爭論之地往往是城中的議會和學校委員會。那些試圖讓有財產和財富的人手握權力的人，試圖在這些團體佔據席位來鞏固影響力。那些試圖代表沒有那麼主導的聲音或角度的人，也可能試圖取得這些團體的席位。這些多元黨派的動機和意圖可能是滿有善意的，也可能不是。重點是，在代議式民主中，連最具善意的代表也假設他們的角色，是為代表人數不足的團體或個人説話。製造環境讓這些人可以為自己發言，似乎總是不可能，沒有效率或不需要的。在法律司法系統中所強調的，正是避免使人們需要為自己發言。

另一個「**為**別人**做事**」的例子，可以在慈善事業中找到。我們的文化有一個熟悉的軌迹，企業家在生意中闖出一條路，賺了可觀的財富，到了中年，感到是時候「回饋社會」。「回饋」需要的技巧，與取得財富的不同。企業家按本能傾向提供可見的基礎建設——以個性化的建築物和風景——在弱勢人士生命中體現新的黎明。較困難的是，説服這些弱勢的人，這些新建築物和風景能夠實現他們的夢。

第三個例子，可見於國際救援和發展中。或許這領域是最明顯可以看到，「**為**別人**做事**」的假設帶來明確的救援。我們很容易假設，在經食水傳播疾病個案很多的地方，最需要的是一口井。來自高度發展經濟地區的工程師，可能可以很快和很有效率地組織人們建造一口井。從這裏只需走出一小步，便可以假設那個國家不單需要水井，也需要新的教育制度，讓人們明白怎樣使用水井，和其他形式的科技。這樣的邏輯令有些人假設，國家不單需要水井和教育制度，也需要一個新的政府。因此，我們來到政權改變這個觀念，一個「**為**別人**做事**」的極端解決方法。以這種國際發展的形式，類比本地參與的方式，並不困難。

**與別人一起做事**。再次回到「**與**別人**一起做事**」，三個例子可以說明這種取向的假設。每個例子駁回這假設：解決方法（事實上也包括診斷）是從「專家」得來的。每個例子都試圖給一羣人力量，讓他們根據自己的診斷找出自己的解決方法。

濫用者三角居住選擇（Triangle Residential Options for Substance Abusers, TROSA）是一個活躍於達勒姆的組織。那些決意克服不同形式沉溺行為的人，在濫用者三角居住選擇的地方居住大約兩年。機構經營好些生意，包括搬屋服務、庭院工作和圖片裝裱等，居住在濫用者三角居住選擇的人在復康期間，可以參與這些工作。濫用者三角居住選擇是居住者、大量職員（超過一半是前居住者）和不同領域的專業專家（例如精神病學）的聯合事業。

另一個於達勒姆具活力的圈子，結合了會眾、機構和鄰近地區，恰當地稱為達勒姆 CAN（Durham Congregations,

Associations, Neighborhoods）。這是一個致力帶來社會改變的草根運動。它藉著採取集體行動，針對可以實現和可以量化的目標，例如有公平僱用和在本地醫院的試用期實習，從而建立人對自己的能力的感覺。透過取得社會勝利而有自主的感覺，與實現改變同樣重要。

「**與**別人一**起做事**」的一個更著名的國際例子，是格萊閩銀行（Grameen Bank），尤努斯（Muhammad Yunus）因為創辦和發展這間銀行，而贏得二〇〇六年的諾貝爾和平獎。格萊閩銀行幫助貧窮的孟加拉婦女脱離淒涼貧窮，以低息、小額信貸的方式借錢給她們。得到這些貸款後，婦女成立團結小組，遵守十六個決定，是教導她們紀律、團結、勇氣和努力工作的。這裏再次有經濟上的專長，但與很多其他專長一起，在桌上佔一席位。充滿能量的圓桌帶來社會改變，人們知道他們自己進行了決定性的行動。

與別人一起。「**與**別人一**起**」這種取向較不重視計劃和行動，在零碎的主動行動和小規模的聯繫中會更常見。這是因為**與**別人一**起**，主要不是關乎找到解決方法，而是關乎在掙扎和困苦中的陪伴。有時沉迷於找到解決方法，會妨礙形成互相了解的深刻關係，而有時這些關係比解決方法更重要。不過，我們可以提出一些更廣為人知的例子，說明「**與**別人一**起**」是怎樣的。

范尼雲（Jean Vanier）在方舟團體（L'Arche）的工作，是「**與**別人一**起**」的一種突出的形式。方舟團體的羣體是好像家庭的家，在其中殘障和健全的人一起分享生活，見證殘障人士本身擁有歡迎、驚歎、靈性和友誼這些素質。方舟團體的成員相信，透過脆弱和簡單表達出來的這些素質，實際上令殘障人士成為真正的教師，教導我們生命中甚麼最重要：愛和得到愛。

在醫學世界，善終運動是比較近期的發展，它嘗試以人道的方式，使死亡的經驗和過程得以改善。最重要的是，它令人更重視病人身為獨特的人，有個別的需要和權利，配得到尊重。一九六〇年代，桑德斯（Cicely Saunders）醫生從一個患了絕症的病人得到啟發，那個病人在生命終結時，要求聽到安慰的話，得到仁慈和友愛的行動。桑德斯相信和教導：「我們毋須治愈別人，也可以帶來醫治。」

例如跟費城（Philadelphia）的克萊本（Shane Claiborne）這等人物有關的新修道主義運動（New Monasticism movement），令很多福音派基督徒留意在較貧窮城市地區建立家的重要性。一九三三年，在多樂茜・戴（Dorothy

Day）的啟發下，以類似的方式，天主教工人運動（Catholic Worker movement）強調與物質缺乏的人一起生活，從事憐憫的工作，而不單是試圖改變法律。天主教工人過自願貧窮的生活，藉此直接、個人地自由參與其中。他們不是試圖做慈善工作，而是跟別人分享生命。[4] 這種主動行動更為恰當，因為這些行動是在這些地區的居民提出邀請時落實，而不單是感到蒙召這樣冒險的人作決定時落實的。

*為別人存在*。我們很容易視「**為**別人**存在**」是其他三種取向的拙劣的關聯。在某些方面，它跟「**與**別人**一起**」（不產生任何具體改變）有負面連繫，也有「**為**別人**做事**」（不實際問弱勢的人或受苦的人，他們認為問題是甚麼，以及前面的路應該怎樣走）的負面含義。這些都是真實的危險。但這些批評也可以是不公平的，正如以下三個例子說明那樣。

我們可以將很多大學學者，描述為是一種實現「**為**別人**存在**」的取向。他們的研究可能不是特別處理種族和階級問題，他們的學生的工作或生活，可能並非總是，或甚至不是多數，與這些問題有緊密關連。但這些教授仍然可能覺得，他們是為了弱勢的人而活，他們的教育、消費和其他家庭選擇和承諾，很多都可以反映這種精神。

修道主義的歷史傳統，特別是本篤會傳統（Benedictine tradition），立誓恆心不變和每天禱告，都可以視為追求靈裏貧窮，並追求過一種指向上帝照顧窮人的生活方式的典型。這種禱告承諾**與**上帝一**起**，與你心中的人一起——即使你不是有形地與弱勢的人交往。

最後，很多全然和毫不含糊地承諾，以某種方式**為**別人**做事**、**與**別人一**起做事**或**與**別人一**起**的人，在退休時，特別是在年長時，可能發覺他們可以視「**為**別人**存在**」成全了他們的承諾，這種方式對他們漸弱的身體，以及或許也漸衰的精神和情感，都沒有那麼高要求。

## 探討四種取向

我們看過這四種取向在一些機構裏的例子。若將它們轉為人際關係的措詞時，它們看起來會是怎樣的？

**為別人做事**。讓我們再由「**為**別人**做事**」開始。能夠**為**別人完成他們需做的事情，無論那是修理孩子的玩具，或教導新手怎樣在電腦上找網頁，都予人很大的滿足感。我們可以看到結果，這肯定我們是有技能和能力的人。在很多情況下，這令接受者的生命在物質方面得到改善——就醫生或消防員的工作來說，那分別甚至可能是生死攸關的。

那麼，為甚麼專業人士往往發覺他們的服務對象沒有說多謝？原因是「**為**別人**做事**」令專家感覺良好，覺得自己重要和有用，但卻不一定令接受的人有那麼好的感覺。「**為**別人**做事**」的模式定立一種關係，在其中一個人是恩人，另一個是有需要的人。如果你很多或大部分關係，都是你需要別人**為**你做些事情，那是十分屈辱的事。「**為**別人**做事**」的模式延續不平等的關係。

更糟的是，我們可能接受別人的幫助，但對恩人仍然感到陌生。專業的基礎建設的整個事實，分工、行政助理、預約時間和特別的制服，提醒所有人這不是友誼，不是可以期望憐憫和親切的。這是提供服務，在那服務以外，沒有附上任何東西。「**為**別人**做事**」的模式主導當代的福利觀念，令富人和窮人很大程度上沒有改變，而彼此都是陌路人。

讓我們回想那個拿著太多袋子，從雜貨店出來，要走到車子的人。說句「喂，讓我替你拿吧」是很自然的，這樣便開展了一種「**為**別人**做事**」的關係。但那人總會說「非常多謝」嗎？不，基於兩個原因的其中一個，對方不會說多謝。第一個是，那人可能感到你擺高姿態——特別如果性別、年齡或殘障形成一種敏感的互動。對某些人來說，相比在任何類別的「**為**別人**做事**」關係中擔任接受的一方，進一步強化他們卑微的社會地位，獨自掙扎更好。有些人可能將這解釋為驕傲，但它往往更關乎保存自尊。那個人可能說不的另一個原因是，他或她以為你會拿著他或她的東西跑掉。因此，**授權**和**信任**這兩個因素，在「**為**別人**做事**」的關係中容易流失。在「**與**別人**一起做事**」的取向中可處理授權這問題，而「**與**別人**一起**」的取向則處理信任的問題。

**與別人一起做事。與**弱勢人士**一起做事**，表示看到社會和經濟的不利，不單關乎缺乏收入，也關乎被排除在權力位置以外。弱勢人士必須自己界定自己的需要是甚麼，然後在他們決定改變事情的行動中得到支持。這涉及與弱勢人士進入相互的**關係**。它表示放棄你的一些自主權和權力的感覺，以致能夠認同需要做的事，採取行動帶來改變。那表示獻出你擁有的和你自己，供別人使用。[5]那表示永不**為**別人做一些事情，是他們可以恰當地為自己做的。

**與**別人**一起做事**表示圍繞一個共同的目標，集合不同的技巧和經驗。它可以創造一種伙伴關係的了不起感覺——如果議程由有需要的人訂定，而不是由嘗試提供幫助的人訂定。它不是專業的關係——在其中有需要的人完全根據施助人的條件來看對方，那關係由施助人的優先次序主導；「**與**別人一**起做事**」描繪一張圓桌，每個在場的人都有一個不同，卻具同等價值的經驗、技巧、興趣、網絡和委身的代表作選輯。

**與**別人一**起做事**的模式也承認，旅程和目的地同樣重要。你走上漫長的旅程時，可能花很長時間與同伴一起，經歷很多預期不到的歷險，然後才到達目的地。你回顧那趟探險時，可能發覺自己想著那些同伴和歷險，跟想著目的地和在那裏發生的事一樣多，甚至更多。這就是中世紀的追尋和朝聖產生功效的方法：人們在途中的談話和歷險，好像他們正走向的地方那樣重要，那樣重大地模塑品格。**與**別人一**起做事**也是這樣。**與**別人一**起做事**不關乎給別人更多物質條件和設備；而是關乎製造**新人**，得啟發和授權，以及透過得到責任，有機會進行有更大影響力的談話，從而找到新技巧和信心。

以一個熟悉的例子來說明，在任何主要的美國城市，都有好些機構為無家者提供晚飯。傳統的模式——**為**別人**做事**——提出，無家者需要的是一頓晚飯。但只是提供晚飯，是進一步證實人們的貧窮，令他們明天再次飢餓而已。因此「配得」和「不配得」的窮人這種熟悉的區分，將在艱難日子中需要幫助的人，以及只要有晚飯供應便會一直來的人分開。這種邏輯往往進而假設，幫助「不配得」的窮人的惟一方法是懲罰他們，直到他們學懂自立。

直到無家可歸的人不單製訂餐單，也自己煮食，提倡這授權模式「**與**別人一**起做事**」的人才會感到滿意。根據這個觀點，社區廚房存在，不是要做**餐點**，而是要授權予**人**，廚房主管這職位應該每幾年便轉換一次，讓新的無家者接手。不用多久，「為甚麼城中繼續有人捱餓」這問題，便應該將各種人士——商業領袖、城市執政官員和福利顧問——帶到桌旁，跟無家者一起並授權予他們，在權力的桌上解決他們自己的困難。「**與**別人一**起做事**」基本是關乎明白到社會問題是每個人的問題。那是關乎**每個人**在解決問題時感到滿足，而在傳統的模式中，則只有專業人士得到滿足。[6]

與別人一起。「**與**別人一**起**」處理信任這問題，這問題是我們疑惑我們能否拿那些袋子，到負擔過重的人的車子上時，並未有解決的。**與**弱勢人士一**起**，表示**在你自己的生命中**經歷沒有力量和受壓迫是怎樣的。它表示將你那些帶來改變的計劃和策略放在一旁，只是與弱勢人士一起，**感受**他們狀況的痛苦。它涉及看到，就人們對自己的感覺，以及他們彼此的連繫——而不單是他們的物質充裕而言，貧窮有甚麼含義。它排除一個對貧窮的不嚴謹觀點，就是以為貧窮是浪漫的；它也排除對弱勢人士的不嚴謹觀點，就是以為他們是單純和善良的。它表示看到弱勢人士和較佔優勢人士之間的張力和矛盾，並透過這一切認出，我們**所有人**都是問題的一部分。無論我們是誰，貧窮不單**在外面**存在，也**在我們裏面**。[7]

「**與**別人**一起做事**」的模式，已經為應付如貧窮這樣的複雜問題，加上額外的面向。「**與**別人**一起**」則走得更遠。它表示**在你自己的身體中**，經歷在貧窮核心的關係脆弱、自尊和安好的感覺。它表示有耐心不去找燈掣，而是暫時並肩坐在陰影中。安慰約伯的人常被指責，但人們往往忘記了，他們看見約伯受苦之深刻，「他們就同他七天七夜坐在地上，一個人也不向他說句話，因為他極其痛苦」（伯二 13）。

完全由傳統那種「**為**別人**做事**」的模式模塑的人，是不能理解「**與**別人**一起**」的。畢竟，如果你不單丟棄自己專業界限（professional boundaries）的安全，也丟棄伴隨這些界限的技能，你怎能夠希望可解決別人的問題？你需要看到，貧窮基本上不是一個要解決的問題。「**為**別人**做事**」的模式——以及「**與**別人**一起做事**」的模式的一些版本——

傾向將一切變成需要解決的問題。但有些事情不是問題，有些問題也不能簡單解決。

只需要想像「**為**別人**做事**」和「**與**別人一**起做事**」完成了它們的工作，實現了它們要做的一切事。當世界沒有問題需要解決時，那又怎樣？我們需要「流連」。換句話說，我們彼此**以**對方**為樂**。我們享受生命的行動和習慣，因為它們讓我們明白活著多麼好，成為眾多人中的其中一個是多麼好，成為受造世界中的一個人是多麼好，成為上帝的孩子是多麼好。「**與**別人一**起**」的取向說：「讓我們不要把那些發現留待所有解決和修理工作完成，我們感到沉悶之時。讓我們現在就去發現吧。」

向某人說：「我想和你一起」，就是說：「我與你一起時，感到與自己連繫，與身為人類的一員連繫，與創造連繫，與上帝連繫。」(那並不簡單，所以我們以暗語說：「讓我們去流連。」) 向富有人這樣說，可能的方式是：「我珍惜你，你本身這個人，而不是你的事業成就，或你的金錢可以為我做甚麼。」但對社會或經濟上的弱勢人士這樣說，就是在說一些特別的話。不過如果你不能向某人說這樣的話，她或他便真的沒有理由信任你。如果你不能向某人說這樣的話，他或她可能感到自己被利用，助人達到進一步的目的。

以一個患了絕症的人為例。在這時候，「**為**別人**做事**」的模式不能提供甚麼，最需要的是「**與**別人**一起**」的模式。沒有多少事可以**為**那人**做**。當然，你可以安裝各種小巧裝備和帶來舒適的東西，令那人最後的日子不會那麼辛苦。但卻不能解決問題。至於「**與**別人**一起做事**」，關於將那人的情況非醫學化，關於捨棄延長壽命的醫藥科技，將一切變成言語、紀念品和重要的時刻，當然有很多話可以說。但真正需要的只是**與**那人**一起**——靜靜地留下，聆聽，安靜，沒有那些答案，分擔掙扎，一起禱告，唱歌和聖詩，花時間進食，回憶故事，記得要傳遞的信息。需要的不是治療——而是陪伴。垂死的人說的是：「請不要留下我一人。」

**為別人存在**。讓我們轉向「**為**別人**存在**」。「**為**別人**存在**」可能涉及愈來愈熟悉關於社會不公平和弱勢的問題。它可能表示小心閱讀和分析本地報章，參與博客網站，熟悉其他形成和交換意見的工具。「**為**別人**存在**」可能顯示強烈的信念，充足研究依據的觀點，以及深思的論證。它可能是寫措詞得體的信件給報館，在研討會或公眾論壇後熱烈地交換意見，或向本地領袖或政治人物熱誠地表達意見。它往往包括向那些被視為不為別人而活的人，隱藏或流露出憤怒；那些人的生命似乎完全為了自己而活，這可見於他們的財產數量、消費程度、薪金或花紅的水平、對待僱員的態度、對弱勢人士漠不關心，或秉持令人反感的意見。

但如果所有這些複雜的判斷，仍不能生出任何重要的人際關係，「**為**別人**存在**」的基本困難便產生。「**為**別人**存在**」傾向專注於靈敏度、嘗試、理論或保留，十分關注是否持正確的觀點，遠離有錯誤觀點的人，十分重視知道將自己的名字加在甚麼電郵聯署中，以及杯葛甚麼產品。結果，可能令弱勢人士孤立無援，就好像那個人委身於「**為**別人**存在**」而並不關心社會一樣。一旦你走上根據關係而不是物質財富，來看社會和經濟上弱勢的人，「**為**別人**存在**」本身便成了一個不足的模式。

## 參與的神學進路

想一想耶穌生命的特徵。基督徒通常十分強調，祂在耶路撒冷的最後一星期——祂的受難、死亡和復活。這是完全合理的，因為福音書也是這樣：馬可福音的十六章中，有六章講述最後的一個星期；約翰在二十一章中，由十二章開始講述受難期間的事。保羅的書信幾乎完全集中在耶穌的受難、死亡和復活，幾乎完全沒有提到耶穌的生活。

在最後一星期之前，耶穌花了兩三年在加利利一帶行走。在加利利，祂建立了一個流行的運動。祂與門徒一起同工，教導和訓練他們要活在祂告訴他們正在介入的那個國度中。祂與窮人一起同工，醫治他們，給他們力量——如馬可福音二章1至12節那個癱子一樣——由別人的負擔變成背負別人的擔子。祂為掌權者帶來麻煩，那些利用宗教和政治權力去做比解放上帝百姓更微小的事情的人，祂與他們對抗。

我們需要假設，在加利利事奉前，耶穌花了大約三十年在拿撒勒生活。祂究竟做甚麼？除了耶穌十二歲時在聖殿與教師一起這件事，聖經只有兩節經文回答這個問題。路加福音二章40節說：「孩子漸漸長大，強健起來，充滿智慧，又有上帝的恩在他身上。」以及路加福音二章52節類似的話：「耶穌的智慧和身量，並上帝和人喜愛他的心，都一齊增長。」

天使加百列在拿撒勒向年青的馬利亞顯現前——上帝在基督裏於我們中間完全彰顯的那天前——上帝已是為

以色列**存在**的。而且，上帝**為**以色列**做事**，支持以色列對抗專橫的敵人和不可能的逆境。上帝也透過跨越很多個世紀的立約關係，**與**以色列一**起做事**。從某些方面來說，上帝**與**以色列，已經有一**起**的關係——概括地由聖殿代表，特定地由約櫃代表。但耶穌道成肉身，表達上帝**與**我們一**起**；這雖然對上帝來說總是真的，但在那一刻之前，對我們來說卻不是同樣顯而易見。道成肉身標誌著那一刻，上帝同在的模式確定地由「**為**別人**存在**」，轉為「**與**別人一**起**」。

如果我們根據我們在這章思考的範疇，檢視耶穌的事奉，會看到以下情況。

耶穌在耶路撒冷花了一星期**為**我們**做事**，做我們不能做的事，實現我們的救恩。如果你喜歡的話，祂是那個在雜貨店停車場說「喂，讓我為你拿那重擔」的人。有顯著的「**與**別人一**起**」元素（想到在伯大尼受膏〔太二十六 6～13；可十四 3～9；約十二 1～8〕）和「**與**別人一**起做事**」的元素（與當權者有很多爭執，還有模塑門徒），但最後一星期的核心，是耶穌需要單獨做的事情。

耶穌在加利利花了三年**與**我們一**起做事**，呼召門徒跟隨祂，跟祂一起工作。在人們拿著「袋子」時，祂鼓勵他們，授權給他們，除去障礙，改造那些擔子，但讓人們自己決定方向，其後歸功給自己。例如：祂模塑和訓練門徒，「我所做的事，信我的人也要做，並且要做比這更大的事」(約十四 12)。有顯著的「**與**別人一**起**」元素，例如一起進餐；也有「**為**別人**做事**」的元素，特別是那些神蹟。亦有「**為**別人**存在**」的元素——我們可以看見耶穌**為**外邦人和整個創造**存在**，雖然祂的主要焦點是以色列失喪的羊。不過，這段時期的事奉，基本上其特點是**與**別人一**起做事**。

然而耶穌進入「**與**別人一**起做事**」和「**為**別人**做事**」前，祂在拿撒勒花了三十年**與**我們一**起**，將計劃和策略放在一旁，以祂自己的身體，不單經歷以色列兒女在羅馬統治下遭流放和壓迫，也經歷家庭和羣體生活的喜樂和哀傷。我們不知道這段時期的細節，但那沉默更是表示，那不是「**與**別人一**起做事**」或「**為**別人**做事**」的主要時間，即福音書的作者甚為關注的那些敘事。

一個關鍵問題是：「對於讓耶穌的死亡和復活成為『**為**別人**做事**』的基礎，相對我們所有**為**別人**做事**的嘗試，我們的預備有多少？」我們會喜歡藉著保護別人暫時、持久，甚至永恆的福祉，從而有能力「拯救」別人；但福音書見證這拯救，是只能夠來自耶穌的十字架和復活，以及差派聖靈。因此，我們所有**為**別人**做事**的嘗試——我們並非短期、暫時善意的行動嘗試——有偽裝成拯救的危險。「**與**別人一**起做事**」和「**與**別人一**起**」的最佳理解，是享受基本上只由耶穌所完成的「**為**別人**做事**」，令更多人接受它。

因此，關於社會上的弱勢人士，我們怎樣參與跟他們的聯繫，基本上是關乎我們在上帝面前怎樣看自己。身為上帝孩子的喜樂，最主要是**與**上帝一**起**的喜樂——不單是**為**上帝**做事**，或**與**上帝一**起做事**，而只是**與**上帝一**起**，因為沒有更好的事情。

人們往往引述愛任紐(Irenaeus)這話：「充滿生氣(fully alive)的人類，是上帝的榮耀。」但他們通常沒有引述接著的話：「這人類生命是上帝的異象。」[8] 如果耶穌不單向我們顯示身為上帝是甚麼意思，也顯示身為人是甚麼意思，我們應該認真看祂的榜樣。對基督徒的事奉、服事和見證來説，沒有真正的**為**上帝或人類**做事**，或**與**上帝或人類一**起做事**，是並非深深植根於**與**上帝或人類一**起**的。

要明白到底體現拿撒勒可能是甚麼意思——以「**與**別人一**起**」的精神事奉、服事和見證——思考希坡的奧古斯丁(Augustine of Hippo)一個十分有趣的區分，可能是有用的。在《論基督教教義》(*On Christian Doctrine*)的開頭，他描述了我們「使用」和我們「享受」的東西之間的分別。

> 那麼，有些東西是要享受的，另一些東西是要使用的，還有一些東西是我們享受和使用的。用來享受的東西令我們快樂。我們使用的東西，在我們追求快樂的努力中幫助和……支持我們，讓我們可以獲得那些令我們快樂的東西，並在其中休息……如果我們要享受那些我們應該使用的〔東西〕，我們在過程中會受到妨礙，甚至會被引離那東西；因此，捲入對較低級滿足的愛好中，我們滯後，甚至完全背離追求真正和適合供享受的東西。
>
> 因為享受一種東西，就是為了它本身，在滿足中休息。[9]

罪可以理解為「使用」應該「享受」的東西，和「享受」應該「使用」的東西。太渴望**為**別人**做事**，解決或處理困難，令你渴望找到你可以「使用」的東西。在社區找不到很多可使用的東西，或者沒有找到一個或好些十分沮喪的人，可能令你搬到其他地方，找更多有用的材料。但**與**別人一**起**的恩賜，是學習怎樣**享受**很多前人不能**使用**的東西。你說「**與**你一**起**時，我感到快樂」，其實是說：「我正以你為樂」(“I am enjoying you”)——也就是說(用奧古斯丁的話說):「『我為了你,與你在滿足中休息。』你不是達到任何目的的手段。你本身就是目的。我在這談話中,在這社區中沒有任何目的,除了從你那裏,接受上帝在創造你時帶來的一切奇妙。」

通常人們只在朋友生日才說這話:「我單單因為上帝創造你時給我們的恩賜而高興。」學習**與**別人一**起**,是學習好像每天都是別人生日那樣,對待別人。要以「**與**別人一**起**」的精神事奉、服事和見證,表示學習為了別人本身而**以**他們**為樂**,不是**使用**別人並——發覺他們不足或不回應時——向他們發怒,丟開他們。

或許我們可以體現「**與**別人一**起**」的精神的最重要方式,就是與別人一起吃飯。我們兩個作者對分享食物是甚麼意思,各自都有些發現。我們都喜歡這想法:以「**為**別人**存在**」、不承擔的方式愛別人。但不時有人推開我們「**為**別人**存在**」的安全界限。我們發覺自己關心某人,想更認識他或她時,會想為那人煮食。換言之,我們都察覺到一種**為**他或她**做事**的渴望。我們十分關心某人時,發覺自己想**與**那人一**起**煮食。不知怎地,關於怎樣燒馬鈴薯或篩麵粉,以及在意見不同時誰作決定這些小小的協商,變成了唱出我們談話內容的音樂。這是「**與**別人**一起做事**」常有的經驗。

但當我們不單十分關心某人，也十分熟悉那人時，食物便變得次要，它只是我們坐在一起，聆聽彼此的聲音，花時間相伴的藉口。食物是我們**使用**的東西，讓我們可以**以**彼此**為樂**。我們都發現，一起進食是體現由「**為**別人**存在**」到「**為**別人**做事**」，到「**與**別人**一起做事**」，到「**與**別人**一起**」是甚麼意思，最簡單和最令人快樂的方法。

這裏有兩段引文，是森姆發現在事奉中支持他和其他人的，特別是他們經過長時期嘗試與弱勢人士一起，又感到自己很少實質東西表達出來時。第一段引文來自愛爾蘭北部的牧師阿洛（Bill Arlow）：「在最終會成功的事業的過程中失敗，比在最終會失敗的事業的過程中成功更好。」很多的「**為**別人**做事**」都是在過程中成功，最終會失敗的事業：實行一些計劃，能夠得出令人滿意的統計數字，但只加深不平等情況；開展一些行動，只將羞辱制度化；作出宏大的陳述，令真正的關係不能出現。最終會成功的，是年復一年的**與**別人**一起**，建立信任，為了他們本身而關心他們，期望在他們身上看到上帝的臉，為了他們是奇妙的創造而**以**他們**為樂**。這看起來可能沒有甚麼大不了，但卻是基督在道成肉身的生命中花最多時間做的。

第二段引文來自神祕主義者金碧士（Thomas à Kempis）《效法基督》（*The Imitation of Christ*）這本書：「那為了愛而做的事（雖然在世人眼中微不足道，甚至可輕蔑），變得全然有成果。」**為**別人**存在**和**為**別人**做事**，可能是為了愛或很多其他原因而做。**與**別人**一起做事**可能是為了愛而做，雖然我們心目中也可能有其他目標。但**與**別人**一起**，就我們所能夠說，只有一個動機：因為別人本身是寶貴的，只以之為樂，不曾想到使用。「**與**別人**一起**」只能夠為了愛而做。在其中，它效法上帝愛我們的方式。上帝**與**我們**一起**，以馬內利，只因上帝為我們本身而愛我們。上帝**以**我們**為樂**。那是創造和拯救的奧祕。那是我們所有事奉、服事和見證，必須尋求效法和仿效的奧祕。如果，並且只有如果是這樣，它才會變得全然有成果。

# 2 事奉

我接觸這個喜愛和平的，了不起的團契前，已經渴求
和平。但我真的不知道在哪裏可以找到和平。
——科里，重拾信仰團隊伙伴

參與重拾信仰團隊對我變得愈來愈重要。它重新安排我的
優先次序，令我對上帝的信心和與上帝的談話都增加。
上帝的恩典、赦免和愛，在我們的伙伴和
成員中是十分感受得到的。
——艾拉，重拾信仰團隊成員

這章透過第一章探討的社會參與的四個面向，追溯瑪西婭和非暴力達勒姆宗教聯盟的旅程。聯盟在一九九二年成立，是非牟利、跨信仰的機構，它的使命是透過一些刻意建立的關係，促進制度改革和個人憐憫及和好的行動，糾正和阻止暴力。聯盟在達勒姆社區中支持三種事工，邀請鄰舍在和平的約中彼此認識：為謀殺案受害人舉行禱告守夜聚會，每月舉行免費的社區午餐圓桌，以及為釋囚與有信仰的人而設的和好及重拾信仰團隊。聯盟的職員包括部分時間行政總監瑪西婭，和部分時間行政人員茱蒂。兩人也是聯盟中活躍的義工。

## 達勒姆就是我的拿撒勒

瑪西婭的旅程的第一步，是要去到「**為**別人**存在**」的階段。「**為**別人**存在**」的旅程，就是說「槍擊暴力是我們都需要處理的主要公共問題」的旅程。這不是微小的一步，因為槍擊暴力在達勒姆並不十分明顯。

人們可能想保持令槍擊暴力事件不可見，是有心理和政治上的充分理由。讓我們由心理原因開始。暴力是暴怒的一刻，那時對身體或科技力量的持續信任淹沒了想像力，對本來令人癱瘓地無力和恐懼的事情，提供表面看來是即時的解決方法。在心理上失控的情況下，堅持短期的身體控制，是個很糟糕的嘗試。在屬靈意義上，暴力是深刻的遺忘。那是忘記過去——上帝為了一個目的而創造我，祂全然認識我，同時又奇妙地全然愛我。那是忘記現在——我是上帝的孩子，我周圍這些人是我的兄弟姊妹，也是由上帝創造、認識和愛的。那也是忘記將來——上帝將萬物引進深刻及和平的合一，在那裏，在上帝創造的和諧中，每個人都有一個位置。

我們可以怎樣描述暴力的相反？好像這樣：「愛我，讓我可以愛你，讓我們可以彼此相愛。」那就是我們的目的，那就是我們受造的原因，那就是引向深刻和平的門券。上帝的和平棲居在**相屬**（belonging）中，在於知道我們屬於萬物，屬於所有人，而那就是我們的目的。我們受造去愛。

如果槍擊暴力更為可見，這個心理問題，暴怒、無力和恐懼的感覺，便需要由每個人來承認和處理。但更大的社會圍繞兩個不能相容的信念達到共識。其中一個是：有這種心理問題的人只是極少數，大部分居民可以不理會他們，因為人們假設他們是特別的階級和種族，與大部分人都不同，因此被歸入「非我們的」族類。

另一個信念是，我們所有人都需要槍械。關注槍擊暴力問題的事情多年，瑪西婭一再看到人們怎樣和為甚麼說：「我需要一支槍。你要我解除武裝，就是要我冒險。」但擁有槍械並不是解決方法。我們是那麼遠離基督的教導，以致我們視自己與別人分離。不會有問題的其中一個方法，是否認那問題，說：「那不是**我的**問題。我有房子，我會裝設保安系統，我會配備武器，我預備好隨時殺人」——實際上是我兄弟姊妹的一個人——「藉以挽救自己的生命」。因此，在我們裏面，是甚麼令我們不願意稱槍擊暴力為我們的問題？恐懼，和忘記了我們的靈魂。

人們可能想令槍擊暴力不可見的政治面向，沒有那麼隱晦。沒有人想生活在謀殺率好像底特律（Detroit）或邁亞密（Miami）那樣高的城市。這不是達勒姆想有的形象，也不是在城市西部，靠近商業區的著名杜克大學，想給有可能成為學生的人、他們的家長，或有機會成為教員的人的形象。那個邏輯是，如果這槍擊暴力只限於小部分居民，便不需要將它描述為一種普遍的事情。

這就是瑪西婭最初留意到問題的政治面向時的反應。那是一九九二年。謀殺案的受害人，大多數是二十或十多歲的非洲裔美國青年。令她那麼憤怒的是，他們的死給記錄在報紙的都市欄裏，在本地罪案報告中，遠離頭版，跟各種瑣碎和短暫的事件放在一起。在這個社區——相比瑪西婭曾生活的華盛頓，是個細小的社區——失去生命，對她來說，是令人吃驚的。

對瑪西婭來說，走向「**為**別人**存在**」的旅程既是個人，又是社會和政治的事。個人面向跟更多公共的關注，交織在一起。她是白人，在實行隔離的達勒姆成長，但在一九七〇年，城市的學校實行融合教育，她被派到歷史上屬於黑人的山邊中學（Hillside High School）。那些特權階級，屬於主流種族，與受種族歧視壓迫、剝削、忽略和虐待的人隔離，實在很難真正知道種族歧視是怎樣表現出來的。但山邊中學令瑪西婭接近種族歧視。她可以看到人們怎樣將這學校，與她哥哥就讀的達勒姆中學比較。在山邊中學，並非總是容易，甚或和平的。但人們繼續生活。那裏會有打架，但從來沒有人要入醫院。

因此十一年後，即一九八八年，中學和大學畢業後，瑪西婭回到達勒姆時，她知道我們可以經濟不均，我們可以有隔離的部分，我們社區中可以有種族歧視、性別歧視和其他有害的態度和現實——但人們毋須要死。不過她讀報時感到驚訝：每隔一星期便有人被槍殺。對瑪西婭來說，那些暴力和可阻止的死亡的終局，是深刻的。

自從離開達勒姆後，瑪西婭以十分個人的方式留意到死亡。她最好的朋友感染了愛滋病，她開始接受他可能會死。這令她看清一切。她發現這弔詭的事情，就是我們應付、承認和尊重死亡時，便變得有生命。她旅程的關鍵是，明白到槍擊暴力好像愛滋病一般。我們因為同樣的原因而逃避它們，隱藏它們和否認它們：「如果我接近它，它可能發生在我身上。如果我捲入這個困難中，它可能會殺死**我**。」

瑪西婭也在離開達勒姆期間成了母親，因此她有大好的機會同時經歷生命和死亡。兩者都令她明白無力感。這是第二個弔詭：她愈明白自己沒有能力，便愈擁有世界中的所有能力。放棄控制的渴望，容許她聆聽上帝。而在聆聽上帝時，她發現自己的不重要的重要性。

這就是非暴力達勒姆宗教聯盟的工作最基本的姿勢：超越恐懼地生活。那表示聽到上帝說：「**愛**，只需要**愛**。找你愛那人的方法，找你愛那森林的方法，找你愛萬物的方法，特別是你覺得不可愛和可怕的東西。」上帝創造這個世界，不是要嚇怕你。上帝創造這個世界，不是要令你捱餓，害怕或受苦。這並不表示，我們應該視苦難和受傷害為與上帝分離，而是應該視這一切的存在，都為了醫治，為了讓我們明白。在那理解中，愛變得可能。瑪西婭帶著這種理解，回到達勒姆。她只是說：「我降服。我向這些生命和死亡的深刻真理降服。」她找到一種克服恐懼，以愛取代它的謙卑。

現在回顧起來，令瑪西婭最驚訝的是，她正在增長的「**為**別人**存在**」的信念，多麼容易地連接到「**為**別人**做事**」的假設。從她的個人歷史和一些深刻的生命經驗的整合中產生的憐憫，很快被好些家長式運作模式所勝過。在非暴力達勒姆宗教聯盟早期的日子，她發覺自己與一羣被「**為**別人**存在**」的信念激發的人一起，然後他們一起被「**為**別人**做事**」的習慣和意念吸引。

接著她和聯盟的成員意識到死去的是誰。死去的不是富裕的白人。他們主要是非洲裔美國人，很多人都來自經歷了很多代物質貧乏的家庭。這個羣體對這事情的回應，是假設他們需要做的是制定政策。達勒姆需要法律，盡可能在最多地點禁止槍械存在。這表示與本地官員合作，通過槍械法例。法例意味著人們仍然可以買槍，但不能帶槍到葬禮、公園、公共建築物等地方。在開始時，聯盟實際上是致力做這樣的事：立法減低槍械的普遍性，因為愈多槍械，便會有愈多傷亡。

想像一個母親的觀點。她在遊樂場，看著孩子玩耍。一個孩子拿起一根樹枝，走到另一個孩子那裏，準備用樹枝打這個玩伴。母親即時的主要關注是孩子的安全，於是她介入，拿走樹枝。這就是瑪西婭的態度：一種「**為別人做事**」的態度。她記得自己想到：「同樣，我會為了我的社區而介入，阻止槍械落入孩子和其他未獲授權的人手中。」她和其他人花了很多小時、很多天、很多個月、很多年，在立法者中間，提倡合適的槍械法例，保障生命——特別是孩子的生命。

其中一個最早的機會，有助阻止由槍械造成的傷亡，特別是由執法人員造成的傷亡，是提倡聯邦政府對攻擊性武器加以禁制。關於立法，瑪西婭聯絡了達勒姆裏幾十個人，要求他們聯絡他們的代表，支持禁制。法案獲得通過。其他條例也通過了。新法例似乎會有效。

幾年後，美國全國步槍協會（National Rifle Association, NRA）成功游說當局，制訂州優先法例。當一個州想取代地方的市法例時，它通常以另一法例代替本地法例。但在這裏，那個州通過優先法例，說每個市——縣、鎮或城市——禁止規管槍械售賣、槍械展、槍械分發和槍械零售。任何可能訂立的法例都會變得無效。沒有法律被取代，只是被排除。這特別影響大都會地區，在那些地區，人們在街上被槍殺，好像達勒姆那樣。於是瑪西婭和聯盟發覺他們的計劃被打亂。再沒有途徑在本地制訂政策。

美國全國步槍協會和其他人的這種抵抗，刺激非暴力達勒姆宗教聯盟以不同的模式參與。瑪西婭回顧聯盟「**為**別人**做事**」的時期，看到**即使他們在立法方面成功**，它的目的和方法都會有很大缺點。那是因為「**為**別人**做事**」的模式不能觸及這些問題的根源。在這件特定的事情，箇中主要有兩個原因。

首先，處理槍械的法律，主要透過加重刑罰來處理問題。例如達勒姆的法律可以說：「我們會將擁有槍械的監禁刑罰加長五年，來處理槍擊暴力。」雖然這些法例可以更嚴厲地懲罰攜帶槍械的人，但卻不能就為甚麼像達勒姆這樣的城市有那麼多槍械，提出疑問。法律集中在禁止和懲罰上，沒有相應地防止槍擊暴力，因為對於槍械的設計、生產、零售和分發，沒有足夠的規管。在達勒姆，一枝放在盒中的全新手槍售五十美元。說生產商不知道他們的武器在哪裏出售，怎樣出售，以及以甚麼價錢出售，是不誠實的。因此，聯盟發現的第一個關鍵問題是：立法的取向主要是懲罰，而不是防止。而受懲罰的人絕大部分是年輕的非洲裔美國人男性，他們很多人都來自十分貧窮的家庭。「**為**別人**做事**」的取向，集中限制在公眾地方使用槍械，並沒有處理這些問題：誰承受槍擊暴力的懲罰和損失帶來的衝擊。

這引致第二個，或許是更重要的問題：到目前為止，聯盟使用的方法都集中在法庭和制定法律的人身上，而不是那些更直接受槍擊暴力和槍械法例影響的家庭上。正如我們將會看到，明白這點，令聯盟對待槍擊暴力這問題的取向，有很大的轉變。聯盟沒有放棄透過游說和倡議更好的法律，致力在司法系統內工作。但他們現在明白，是時候同時探討其他的參與模式。

## 由「為了」到「與……一起」的旅程

聯盟漸漸開始探討，更接近「**與**別人一**起做事**」的取向。或許最好的例子是當瑪西婭和其他人決定，是時候與報紙編輯對質；這些編輯認為與槍擊有關的死亡相對來說並不重要，這令瑪西婭感到憤怒。槍擊暴力的不公義的眾多方面，包括報章報導死亡的方式。因此聯盟決定：「我們可以做的一件事，是邀請本地報紙的編輯來和我們傾談。」他們見面時，每個人都很有禮貌，但編輯不斷說：「我只是盡我的本分；我的職責是報導這些事件，提供那資料是重要的。」

於是瑪西婭看著他說：「你是不是說，如果我的孩子，我的兒子被槍殺，你會將故事刊登在市內消息的第三頁？」編輯完全明白地說：「啊，不！」大家都倒抽一口氣。沒有人知道應該說或做甚麼。每個人都看著他，然後他說：「啊，我明白了。」從那時開始，報紙改變他們報導這些死亡事件的方式。

聯盟明白到的是，社區講述它的故事的方式，社區報導它的事件和新聞的方式，能夠模塑社區對一件事件的看法。報導死亡個案的方式，可以將人們的注意力從某些死亡個案（「邊緣」人士的死亡）轉移，或者雖然每個死亡事件都十分複雜，但也可以視為社區中同等的損失和悲劇。社區需要的，是更多關於整個情況的資料，而不是將受害人當作罪犯。聯盟開始與記者會面，也與報紙的編輯委員會定期會面。他們聚集一羣醫生、公共政策倡議者和社會運動活躍分子，給他們資源，讓他們更容易報導槍擊暴力帶來的死亡事件所涉及的各種因素。有了這些資料後，他們希望人們不再說：「這不是我的問題。」相反，這種取向企圖幫助達勒姆的每個人說：「這是我們的社區，我們需要知道這個問題的各部分，以致我們可以處理它。」

聯盟逐步走向更具合作性的「**與**別人一**起做事**」的參與模式。但在房間中進行談話的人，大部分仍然都是專家——醫生、公共政策倡議者、社會運動活躍分子。因此於聯盟的想像中，仍然沒有真正「**與**別人一**起做事**」的模式。同時，「**與**別人一**起**」的取向開始出現，但一些重大的盲點仍然可見。

聯盟現在視暴力為屬靈問題，也是社會、種族、經濟和公民權利問題。自從一九九二年開始，聯盟每月第四個星期四都舉行午餐會。一九九七年，一個年輕女士在會議中說：「為甚麼我們不在謀殺案現場，舉行禱告守夜聚會？」眾人面面相覷說：「好吧！」那似乎是十分正確的事情。人們甚至沒有怎麼討論。綜合機構達勒姆教會行動的行政總監大衛說：「由我做吧。」

那是新時期的開始。大衛開始聯絡一些槍殺案受害人的家庭，聯盟的成員到槍殺案現場禱告。聯盟仍然嘗試影響立法，但現在他們與承受槍擊暴力的現實和後遺症的家庭會面。回顧起來，聯盟成員感到不能想像的是，他們走了那麼遠，但卻沒有與受害人所愛的人接觸。

但這些「**為**別人**做事**」的假設在各處出現，在任何問題上都會出現。如果你調查一下誰正處理一個問題，便會發覺往往是一羣對問題沒有個人經驗的人，他們十分清楚知道要做甚麼，**因為他們研究過這問題**。專業人士和習慣給予憐憫的人——「**為**別人**存在**」和「**為**別人**做事**」的狂迷——漸漸開始明白，問題核心的家庭和人有一些資料、一些看法、一些智慧，是專家開始發覺他們真的需要的。

瑪西婭改變的一刻，在二○○二年的一次守夜聚會中來到。直到那時，她的想像力仍然處於「**為**別人」的模式——不斷緊迫，不斷尋求解決方法，不斷不理會家人本身而思考，嘗試代表他們行動。但在一個特別值得記念和重要的守夜聚會中，這開始改變。「**與**別人一**起**」的真正面向，第一次浮現。

那次守夜由一位名叫祖（Joe）的本地牧師帶領。那裏是市中心，離公共圖書館和祖的教會兩個街口。一個名叫雅各（James）的男人被槍擊，為了避開子彈，他跳出窗外，被割傷並死去。哀悼的人站在那裏，天色很暗，那時是冬天。鄰居都在守夜聚會中聚集，談及雅各為他們所做的好事。他們都說他是好人，為別人付出。

接著瑪西婭看見兩個年青人在街上。她離開那羣人，上前對他們說：「來加入我們吧。」他們問：「你們在做甚麼？」瑪西婭告訴他們，於是他們加入，令她大吃一驚。祖結束祈禱後，其中一個年青人說：「這很好。你們所做的很好。繼續做吧——這是好事。謝謝你們。」然後他們離開。站在瑪西婭旁邊的女人說：「他們剛出獄。他們剛離開法院大樓，正在回家。」

大約六個星期後，瑪西婭從一個朋友口中得知，城市最新的槍擊案受害人，是那個在守夜中肯定和鼓勵他們的年青人。他沒有說：「你們這些瘋子，你們在我的社區做甚麼？」他明白他們在他們應該出現的地方，做他們應該做的事情。這發現令瑪西婭跪下來，將她的心打開，她明白**那不是關於受害人——而是關於我們所有人**。看到自己以往對罪犯變得心硬，令她心碎。在與受害人團契時，那苦難、哀傷和損失是那麼巨大，以致很難不感到憤怒，想去懲罰那些犯事的人。但正如瑪西婭明白，這不是基督的做法。

聯盟有了這樣的改變——透過與受害人一起，並感到自己的心對犯事的人變得剛硬。後來，這個年青人被殺時，那巨大的幻象粉碎了。那是令人明白過來的一刻。上帝來到，提醒瑪西婭不要作出區分。耶穌沒有說：「只愛你認同的鄰舍，只愛按著你希望的方式行事的鄰舍，只愛看起來像你，談吐像你，賺錢和你差不多，最重要的是，好像你那樣相信的鄰舍。」因此瑪西婭感到有一份禮物賜了給她——察覺到我們是深刻的合一；我們有同等的重要性和價值。

要完全接受這禮物，還需要大約兩年時間。在與出獄回家的人的同在，並與他們的團契中，瑪西婭開始尋找上帝。一旦這事發生，關鍵的一步便出現。她發覺——她以前沒有聽過，無論是因為她不能聽，還是因為人們沒有告訴她——在一些受害人的家庭裏面，有人在坐牢。其中有些因為槍擊別人而坐牢。她發覺她熱切地要作出論斷，妨礙她看到整幅圖畫，這表示她在阻礙，而不是幫助努力要變得整全的家庭。那是巨大的轉變，那是變成**與**別人**一起**。

瑪西婭明白的是，甚至在事情顯得真的很糟，有大量不公義時，上帝仍然給我們所需的一切，**與**彼此**同在**；給我們所需的一切，在世上成為上帝的同在。她以前看不見，自己走進去，論斷說：「你得到接納，你被拒絕。受害人得到接納，犯罪的人被拒絕。」但一旦她明白這不是上帝對她的計劃，她便發現不尋常的釋放。那種釋放容許她去愛。她可以感到自己的靈魂成長。她的性格沒有改變——她的一切傷害、恐懼和焦慮，也沒有除去。但她卻能夠

**愛**，這給她平安。

這是每個由「**為**別人**做事**」走向「**與**別人**一起**」的人，都需要接受的轉化。如果你要改變世界，你需要願意為世界而改變自己。國度就在你容許自己改變這美事之中，如同它在看見別人改變的渴望裏一樣。

瑪西婭更直接地表示，她自己身為學生和商人的歷史與這改變的關連。在參與聯盟的年間，她由主要從公共政策的角度看問題，轉為很大程度上是從個人的角度看。她想參與受到槍擊暴力**影響**的人的生命中，也就是殺人案受害人的家庭，她也想參與犯這種罪行的人的生命中——因此出現了和好及重拾信仰事工，這事工讓本地教會成員與剛出獄的人成為同伴。在過程中，她明白到受害人和犯罪者的區分，有時是虛假的。

無論是社會、政治還是經濟的解決方法，當它們來自包括社區中各種人的關係，最重要是來自個人最受到問題影響的人的，會最有成果。太多時候，「**為**別人**做事**」的心態假設，個人受到影響的人最沒有資格貢獻公共政策。這種心態說：「這些人受到這問題的**損害**，因此他們不能……」相對於另一種心態說：「這些人因這問題**受苦**，他們對解決問題會有最好的洞見。」

瑪西婭一直都喜歡科學。對她來說，這表示**無止境**地提出和描述問題，直到答案「走出來」。對比起來，社區中多元關係的偉大、力量和應許是，人們一起時可以以完整和整全的方式，描述問題是甚麼——而不是一個人或一羣人繞過最受影響的那些人，決定需要做甚麼，實行改變，然後走開。這是瑪西婭原來的路：不是走開，而是想到「噢，那可以自行應付；那會解決問題」。她學懂有信仰的人特別蒙召去做的，是**進入**問題，**與**問題一**起**——透過那過程期望轉化和被轉化。國度就是在那裏。

我們在第一章接近結尾時指出，奧古斯丁區分使用和享受，那正是這裏的重點。只要「**為**別人**做事**」的假設持續，槍擊暴力的受害人和他們的家人，總會**被用**來解決基本上屬法律或公共政策範疇的問題。轉向**與**這些家庭一**起**，是承認這些家庭要按它們的本性，為了它們本身而**以此為樂**，而如果法律或政策性質的社會轉化要發生，那需要由他們帶領。

## 與別人一起的素質

描述「**與**別人一**起**」不是甚麼，是比較容易的。以下講述我們發現「與別人一起」究竟是甚麼。

**與**別人**一起**，最重要是表示同在。守夜的事奉教導我們，你毋須做任何事，只需要與別人同在。對於一個困難，大部分人傾向做的第一件事是明白和解決它。守夜的事奉顯示，這是最不恰當的回應。這不是説解決困難不是事奉的一部分，而是説第一個回應不應該是假設你遇到一個適合解決的困難，總結説：「我是最適合解決這困難的人。」以為我們沒有上帝也能夠解決任何事情，可以通過法例，改變分區制，訂定新税項，興建更多監獄——無論我們薄弱稀少的想像力想到甚麼——這只是個幻象，一個巨大的幻象。整個取向實際上排除了上帝。

關於同在，最重要的事情是它打破了這種分隔：假設我們毋須進入受苦的人的經驗，也可以知道答案。我們以為：「這是可怕的，我們要改變它。」但除非我們在身體、靈性和情感上，進入受苦最多的人的生命中，否則我們怎知道要改變甚麼？以為任何人都不需接近那些受苦的人，也會知道要做甚麼以減輕別人的痛苦，不是十分自大嗎？瑪西婭在與別人——謀殺案受害人的家人、出獄回家的人、參與幫會的孩子——的友誼中發現的是，**他們**才是答案。**他們**和**我們**之間，再沒有區別。**我們**成了答案——我們所有人一起。

從委身於同在而來的其中一個恩賜，是看到豐富。對瑪西婭來說，透過面對死亡時一直同在的經驗，她得以發現豐富。守夜聚會可以是個十分不足的時刻，特別在場的人沒有一個認識被謀殺的人時。那些時候有「**為**別人**存在**」這種令人不安的元素，因為缺少了關係之中的活力。但更多時候，守夜是一個面對暴力和死亡的不足時的豐富經驗。瑪西婭的哲學是，當她**走向**的事情是她十分想從那裏退去的時候，那總是正確的選擇。她最害怕的事情，是她最需要認識的。她發現在很多死亡事件的附近，在哀傷和哀悼的人附近，特別容易看到上帝。對無法估量的損失的惟一回應，是上帝無法估量的愛。

守夜時的談話揭示了很多東西。人們談及的，是他們多麼愛死者，以及死者為別人所做的事。在無數個守夜聚會中，人們說的是：「他修理好我的門廊。」「他讓我睡在他的沙發上。」「她總讓我進去。」「她總是給我食物。」「他總是逗我笑。」「他愛我們。」人們描述他們所愛的受害人怎樣愛他們，藉以表達他們對那死者的愛。你從不會聽到人們說：「我們為他做這事。」你只聽到：「我們很愛他。他為我們做這事。」

他們談及他們和死者之間的愛時，他們描述的是關心、注意和接納。關心物質的需要、情感的需要、屬靈的需要、經濟上的需要。如果你想知道甚麼是重要的，那就是關心。你會在守夜聚會中明白這一切。明白甚麼重要，甚麼是持久的，甚麼是永恆和無限。而這是十分具體的。這些蒙愛的家庭的見證，教導其他在場的人怎樣生活。

與別人同在教導瑪西婭甚麼是豐富，是她以其他方式不會學懂的。這令她發現，「**與**別人一**起**」正是暴力的相反，因為「**與**別人一**起**」表示沒有敵人的生活。用朗費羅（Henry Wadsworth Longfellow）的話說：「如果我們可以閱讀我們敵人祕密的歷史，我們會在每個人的生命中，找到足以解除敵意的哀傷和痛苦。」正是圍繞這個主題，瑪西婭個人的經驗跟她的政治覺醒相遇。

瑪西婭在禱告中發現，上帝沒有敵人。可以肯定的是，聖經描述死亡是上帝要消滅的敵人（林前十五26），而魔鬼是仇敵（羅十六20；彼前五8）。但關於人類，上帝沒有視任何一個為敵人，而是視他們為蒙愛的孩子，上帝自己的創造，受造要與上帝建立關係。人們可以令自己成為上帝的敵人（雅四4），但上帝從不以人為敵人。

這改變了瑪西婭對一切的看法。耶穌說：「愛上帝，愛自己，愛鄰舍。」祂沒有說：「愛那個跟你相似的鄰舍，愛好像你那樣相信的鄰舍。」祂說：「愛你的鄰舍。」而在這廣大、美麗的世界，那表示我們所有人。我們怎能這樣做？只能夠藉著明白，我們都是上帝的孩子，都是由上帝創造。這令瑪西婭想到，**為甚麼我有敵人？甚麼令某人成為敵人**？透過別人的接納，瑪西婭能夠發現，她仿如敵人那樣對待別人時，是出於自己的哀傷和痛苦。

是甚麼令人攻擊別人，以別人為敵人？那來自強烈的無力和恐懼感，這種感覺說：「我不足以對付這事。」沒有敵人的生活，是徹底的接納。那是用一刻，只是一刻，將頭腦沉入內心——或者以靈魂帶領，讓思想跟隨。你藉著用一刻說：「我接受存在的一切，我引起的一切痛苦，我忍受的一切痛苦。我只是接受它。沒有敵人」，從而以靈魂帶領。接著你可以開始看到，我們每個人榮耀的本性。你可以看到那潛質。

這令瑪西婭感到，上帝的手圍繞著她，輕抱著她，十分安全，上帝說：「你需要的一切——**一切**——現在都在這裏。」瑪西婭接受這意識，在與處於巨大、無比哀傷的家庭會面的處境裏，把它帶到其中。當她得到提醒，知道他們需要的每個人和一切都在那裏時，她發現事奉中最能夠給人力量的恩賜，就是聽到上帝微聲說：「我沒有敵人。」

典型的「**為**別人**做事**」取向，是為別人除去敵人，令敵人喪失力量或甚至消滅敵人，或者至少是限制敵人帶來的破壞。典型的「**與**別人**一起做事**」取向，是一起合力勝過敵人，或者擴大羣體，令以前是敵人的人，現在成了更大的事業合伙人。但「**與**別人**一起**」的哲學是聽到上帝微聲說：「我沒有敵人。」這是呼籲我們，看每段關係都是聖靈的彰顯。

瑪西婭在學習沒有敵人的生活中發現，公義的核心是憐憫。而「**與**別人**一起**」，正是棲居在這裏。沒有憐憫，公義是難以想像的。憐憫的核心是上帝，祂沒有敵人。公義始於你停止論斷。正如瑪西婭經常說：「如果我不能在你裏面看見我，如果我不能知道和經驗你屬於我，我也屬於你——發生在你身上的事情，事實上也發生在我身上——我便不能認識公義。」因為那時，那只關乎權力。而上帝並不棲居在那裏。

因此面對槍擊暴力時「**與**別人**一起**」，表示委身於同在和發現豐富，以及憐憫的首要，和需要沒有敵人的生活。「**與**別人**一起**」的最後一個面向，包含在所有這些事情裏：超越恐懼。這令我們回到這章的主題。我們在開始時提出，暴力的核心是恐懼。在結束時，我們提出對暴力的最終回應，是學習過不恐懼的生活。如果恐懼引致暴力，學習過沒有敵人的生活，表示由恐懼別人轉向愛別人。正如我們已經看到，「**與**別人一**起**」的核心是愛，而愛驅走恐懼（約壹四 18）。

在一個黑暗的冬天黃昏，瑪西婭帶食物給東尼——聯盟一個重拾信仰團隊的伙伴時，發現超越恐懼生活是甚麼意思。東尼在一段監禁時間後尋求幫助，過非暴力的生活。東尼和阿普麗爾（April）剛有了小東尼，他們需要食物。在他們居住的地方附近，剛發生了謀殺案，之後有守夜聚會。瑪西婭透過守夜的事奉認識那個地區，於是她打電話給她丈夫羅伯特（Robert），告訴他，她會遲點回家，因為她要拿些食物給東尼和阿普麗爾。

當她說：「親愛的，再見」，她正在找東尼的房子，緩慢地駕車。她放下手提電話，然後看見一個男人站在路邊，她以為那是東尼。於是她打開車窗說：「東尼？」接著男人已經上了她的車。他的氣味不好，而且看起來很緊張。但瑪西婭想到：「啊，這是我**弟兄**！」

她立刻伸出手說：「嗨，我是瑪西婭。你叫甚麼名字？」他的回應是：「開車！」她說：「好吧，好，我們走吧。」她心裏思潮起伏，想到很多關於這人的意圖的假設，但最重要的是，她明白那男人需要她。於是她開始說：「你需要甚麼？你有家庭嗎？我想幫你。我可以做甚麼？」他要錢。瑪西婭說：「沒有問題。我有一些。這裏有二十元。」他們的車駛過東尼身邊，他站在路邊說：「喂，停一停！」

瑪西婭並非不害怕——她感到驚訝、擔心——但她仍然看到自己和男人的神聖的人性。她說：「我會送你回去。」那男人和她爭論，但她說：「不，不，你需要回家，如果你需要任何東西，我可以將我的電話號碼給你。你可以隨時打電話給我，因為我知道你的孩子需要你，我也有家庭。」於是瑪西婭讓他下車。

男人下車走開。突然間，她看見東尼在幾碼外的街上。東尼對她說：「你究竟在做甚麼？」瑪西婭告訴他發生了甚麼事，他說：「你可能會被殺死。」

在回家途中，瑪西婭想到，**我不能告訴羅伯特。我想告訴羅伯特，但如果我告訴他，他永不會再讓我出去**。於是她回到家裏，羅伯特說：「今晚很忙嗎？」她吸一口氣，說：「唔，對呀，這真不可思議……」他打斷她說：「是的，我知道，我在電話聽到整件事的過程。」瑪西婭突然發覺，她說了再見後沒有掛斷電話。她想到，**好吧，我這次可麻煩了**。她假設羅伯特會十分恐懼。

羅伯特看著她說:「我不會再害怕了。」那是他的回應。他記起那個男人的話時笑起來——「大部分白人女人現在都會怕得要死」——並記起那個男人聽起來多麼混亂。接著羅伯特說:「那是上帝的行動。那是可怕的。我不知道我應否收線,打電話報警。我不知道應該怎樣做,於是繼續聽著電話。但是,瑪西婭,上帝是真實的。我不會再恐懼。」

開始時是個要立法對抗槍械的運動,經過多年後,卻令我們發現超越恐懼——包括對暴力、槍械和死亡本身——的生活是甚麼意思。

# 3 靜默

想像一下，如果所有在暴力中成長，或者在生命中看見太多暴力的人，每當感到看不見和平的重要性，都可以向別人求助，可能會挽救多少生命。

——科里，重拾信仰團隊伙伴

我相信，我們真的開始視彼此為弟兄姊妹時，事情便會開始改變。我們開始誠實地感到，我們都是同一個羣體的一部分——而不單是分開地區的居民——我們便會開始發現，由暴力引致的哀傷、痛苦和損失是不能接受的，我們會走在一起，最終說：夠了。聯盟是一個機會，讓人們離開自己的安全區域，加入真正的羣體。還有其他機會，我們需要找到這些機會，善用它們，並創造新的機會。如果你這樣做，你會在生命中體會到那些回報。

——羅恩，重拾信仰團隊成員

在第二章，我們找出「**與**別人一**起**」的重心，就是即使有敵意和恐懼，仍委身繼續同在。我們談到敵意和恐懼怎樣常常是巨大的障礙，妨礙人與那些活在槍擊暴力陰影下的人，培養和維持關係。這章和接著的兩章，會探討同在的三個面向：靜默、觸摸和言語。

我們也描述了，瑪西婭怎樣看到槍擊暴力為她的社區帶來破壞。這些暴力破壞家庭，令孩子不能外出，令人們害怕，變得過分謹慎。對瑪西婭來說，那個受困擾的地區，不再是「那裏」的某個地方。它是她朋友和朋友的孩子——她喜歡的孩子——居住的地方。突然間，知道她的地區基本上平安、平靜和安全，而她朋友的地區則不是這樣，令她十分困擾。那成了**她的**問題，不單在頭腦上，也在情感和靈性上。

但如果瑪西婭不願意到那裏，花時間在那裏，沒有任何議程，她便不會到達那個地步。那是**與**別人一**起**——花時間一起，以致緊急事情出現時，他們可以一起處理。她在那裏，不是單單作為順風車，或在有緊急事情時給予幫助。她在那裏**與**別人一**起**——一起生活，一起流連，一起花時間，為了人們本身而快樂。

只是透過委身於在恐懼和危險時與人們**同在**，槍擊暴力的所有個人和政治面向都浮現。這章集中於同在的靜默面向——不是透過明確的行動或談話，而是很大程度上透過無言的同在浮現的事物。

聯盟的事奉的一個主要元素，是禱告守夜聚會。禱告守夜聚會是同在和地方性的事奉，而不是表現的事奉。這些聚會邀請社區人士在謀殺的現場，或者對死者家人和朋友有意義的地方聚集，一起記念、哀悼、禱告和靜默。大部分守夜聚會維時大約三十分鐘。目的是公開承認受害人和犯人身為人的價值，安慰家人和朋友，為發生暴力的地方帶來潔淨和醫治。守夜聚會要求的，只是願意同在，並接受上帝的憐憫。

有一些守夜聚會只有很少人聚集；另一些守夜則聚集了一大羣見證人。一個牧者、平信徒領袖、伊瑪目或拉比主持，藉著邀請各人一起聚集開始守夜。沒有擴音器，所以每個人都站得很近。宗教領袖為家人提供安慰，開始的禱告，以及反思。接著，是邀請認識受害人的人分享他們的記憶、故事或任何他們想與這羣體分享的事情。人們可能會唱歌，介紹親人，圍成一個圓圈，聚集小孩子，給予教訓，宣告眼淚的見證，或描述受害人為別人帶來歡笑和安慰的獨特方式。這見證在完全接納的自由中產生。回復靜默時，社區的成員應邀提出他們的反思、安慰、哀傷。接著再次靜默，守夜的領袖以禱告結束。

表達信仰、哀悼或關係，並沒有正確或錯誤的方式。守夜聚會那安靜的包容性，必然引導每個在場的人，以幾乎結束每次守夜聚會的溫柔熱情，互相擁抱。

## 靜默作為同氣連枝

家人事後談及守夜聚會時，很少提到說了甚麼話，也只偶然提到做了甚麼事。相反，他們說：「謝謝你們在這裏。」他們看到的是同在。他們實際上是說：「有家人和朋友以外的人在這裏，明白我們的悲劇，實在意義重大。更重要的是他們明白，我們所愛的人的生命多麼重要。」沒有言語。聯盟的成員不能做甚麼。他們不能使死者復生。他們能夠做的只是同在。但在站著和靜默中，他們的同在確實說出一些話。這同在說：「我將我的靈魂獻給你。我在這裏將我的生命獻給你。」從中產生相當大的力量。

同氣連枝的靜默，是對抗退縮的姿勢。所有「**為**別人**存在**」或「**為**別人**做事**」的回應都有同樣的問題：它們可能與在情感上退縮的衝動合謀——避免在痛苦的地方，在經歷痛苦的人中間同在。對為甚麼人們被槍擊或殺害的眾多解釋——貧窮、種族歧視、教育制度、父母的錯、一羣癮君子、罪犯殺死罪犯——最終都只是支持這種退縮的理據。因此，對這些解釋和這些合理化的退縮，同在本身是一種抗議。瑪西婭的回應是：「但我不能**不**這樣做。我怎能讓人在我的城市中被殺，而信仰羣體中沒有人，**沒有**宣稱基督是自己救主的人，找這些家庭說：『我真的很難過，我們真的很難過。我們知道這不是上帝的意圖，這顯示有些事情嚴重失衡。』」最終，有信仰的人不能做甚麼，除了以上帝的光與別人同在。

這根本上是一個簡單卻深刻的神學信念：上帝**曾否**退縮？**從沒有**。上帝曾否不肯定你，不愛你，看不見你裏面的完美？從沒有！從沒有。因此，同在是與那些受苦的人同氣連枝的見證，但最重要的是，它是可見地聲明，上帝並**不**因為恐懼、嫌惡、可怕或憤怒，而從我們這裏**退縮**，上帝從不躲在熟悉的解釋或厭煩的怪責後面，並以之作為不理會我們的原因。

保持靜默，就是放棄假設你有解決方法。那是按你所知道的靜止下來，知道你不能在關係以外顯示愛，並且如可見的那樣，關係最重要的面向，只是同在。瑪西婭與上帝同走的旅程，跟她與謀殺案受害人的家人同走的旅程十分相似。她沒有維持完全以距離和意見為特點的關係，而是培養一種同在和靜默地同氣連枝的關係。她發現守夜的事奉，改變了她對禱告的理解。

她一生向上帝説話，向上帝**要求**這樣那樣或其他東西，但瑪西婭認識到**那不是信心**。單告訴上帝你想祂做甚麼，是開放、誠實、透明和坦率的。但這就像你以為自己知道，怎樣處理你甚至沒有接觸，你沒有與它真正拉上關係的一個問題。這是假設「**為**別人**做事**」是上帝惟一的模式，也是我們惟一的模式。現在，瑪西婭祈禱時，只説：「我在這裏，我在這裏，感謝祢。」她十分感激——無限感激。「感謝祢……感謝祢……感謝祢。生命是美麗的。生命是奇妙的。為了這巨大的奧祕和豐富的愛，感謝祢。」然後她停止説話，並聆聽。

同氣連枝的靜默，是守夜聚會最重要的事情。在這靜默中沒有答案，只有相伴。沒有解釋，只有謙卑。沒有責備，只有共同的人性。但同氣連枝的靜默需要操練、自我認識和多年踐行，因為它與很多本能和社會慣例相反。我們往往想**説話**，因為我們不想**感受**。有時我們説話，嘗試**阻止別人感受**。

在一次守夜中，一個年輕女士十分憂愁地説：「讓我有我的感受吧。」現在這是守夜聚會的精神：「讓人們感受。靜默。不要努力嘗試找一些話，令一切變得更好。那不會令一切變得更好。那是嘗試走到很遠的焦慮，嘗試停止痛苦。相反，要承認痛苦存在，以上帝的力量和愛、智慧和恩典走向痛苦。」那是個艱難的發現，需要多年踐行。

言語和動作可能遲一步出現。但守夜聚會的核心在這裏：不說話，藉安靜和與別人同在，容許上帝說話，容許感受發揮作用。人們不說話，不嘗試傳達甚麼時，就是他們獻出他們靈魂的時候。他們沒有接管我們在其中生活的、那神祕的不可知，沒有以言語制止它。

在守夜聚會中，有時沒有人說任何話，人們站在一起，陌生人和陌生人站在一起，家人有時和疏遠的家人站在一起，彼此有點認識但也可能不認識的鄰居站在一起，這是不尋常但了不起的一羣人。所有人都停下來，在靜默中一起站立時，他們的靈魂交織在一起。那是關於獻出我們的愛和我們的靈魂，**並容讓我們的生活延後**。那是個美麗的時間，因為它為上帝創造時刻。實際上沒有言語，因為沒有話要說。人們降服於他們的哀傷；他們降服於他們無力改變現況。他們降服於自己無力去愛。那是言說上帝的真理的靜默。它讓上帝說話。

但同氣連枝的靜默，也有十分實際的一面。那就是在受害人的家人本來感到十分孤單和脆弱時，**與**他們**一起**。就是在那裏存在，肯定他們確實可能是脆弱的，但卻並不是孤單的。瑪西婭發現陪伴那些家庭去見助理地方檢察官是多麼重要。在刑事司法系統中，謀殺不是針對家庭的罪行。它不是針對地區或羣體的罪行。它是針對州的罪行。因此那家庭可能被推到一邊。由地方檢察官的辦公室代表他們。他們沒有自己的律師。

家人已經十分哀傷，又需要詳細講述發生在他們身上的最糟、最難以想像的事情時，要他們能夠分析和清楚思考，是十分大的挑戰。因此，陪伴這些家庭是十分重要的。需要的，是承諾不說任何話。同氣連枝表示在場，但不干擾，而是聆聽人們說的話——或許也聆聽人們沒有說的話——並在家人允許下，總結在會面中聽到的話。這樣就給地方檢察官或家人機會，說：「你全部弄錯了。」因此那角色不是調停，而是傳譯。

這帶我們去到靜默的另一個面向：聆聽的靜默。

## 靜默作為聆聽

你可怎樣學習傳達靜默作為聆聽，而不是害羞、彆扭或冷漠？你需要學習運用你的眼睛、你的姿勢、你的注意、你的呼吸。這種靜默，是一種耐心的等候。它是等候別人顯示事情應該怎樣，這種等候從不暗示你有更想做的事情要做，這種等候不應該令別人感到不自在，因為它基本上是等候上帝。正如店員明白怎樣與顧客同在，又總是令對方感到自己才是作決定的人；耐心的聆聽者完全與對方同在，留意對方的言語和姿勢，卻不嘗試引導他們。

這可見、靜默的等候，於言語和姿勢都必定會退縮或只是暫時的時刻，說了一些本來需要用言語或姿勢來肯定的事情。它所說的是：「彼此相伴的這一刻，這聚集，這談話，可以是**你生命中最重要的**。它毋須是這樣，但卻**可以**是這樣。對於你，它可能不是合適的時間，但對我**總是**合適的時間。我不會告訴你，我太忙。我不會輕視你的掙扎。我不會告訴你一些實際發生在我身上、更有趣的事情。在你第一次探討一種感受時，我不會說：『我知道。』你提出一些難聽的事情時，我不會改變話題。我不會做任何這些事情，因為它們都以不同的方式說：『我不能做到。』靜默的等候所說的是：『無論你想表達的感受有多強烈，我都不會不能做到。你可以信任我會聆聽。你可以信任我，不會將我個人對這些事的投入，保留給另一個時間和另一個地方。你可以信任我是會留意上帝的方法的，無論你講的故事多麼古怪。你可以信任我會知道，其他人士的某種專門幫助可能是合適的。但你也可以信任我會知道，**現在**比任何時間，更可能是真理的時刻。』」

這些都是同在的靜默要求的素質。這是在同氣連枝的靜默中所立的約。承認我們想說話，因為我們不想感受，並且我們說話是要阻止別人感受，就是這意思。靜默的事奉是在迫切和充滿要求的世界中，打開一個安息的地方。那是一個安靜的地方，列王紀上十九章12節稱為「微小的聲音」的一刻。

這就是守夜的事奉：保持安靜。那是在家人所愛的人死去後，找他們說：「我們想以我們的同在，向你所愛的人表示尊重」，然後保持安靜。每次守夜聚會都是不同的，但它們通常維持三十分鐘；其中靜默的時刻每次可能維持一分鐘。保持安靜，需要體現和表達很多弔詭。它表示我們知道我們需要的一切，一切，所有良善，都在這裏，都在這時。你只能夠在安靜時，才真正得到這一切。你忙碌時，你由A點到B點時，你有議程時，你走得愈快，便愈論斷，愈堅決認為你對現實的看法會佔優。

學習這種安靜的人發覺，對遇到他們的人來說，他們的生命成了安息日。他們的生命提醒人們，上帝在我們睡覺時工作，因此那些遇到他們的人，可獲准休息。他們的生命擁抱周圍的人，這素質和恩賜，是其他人因為太忙，或太受到威脅，或太專注自己，所以看不見也不鼓勵的。他們的生命成了一個邀請，請人們進入具深度的地方，但這是個愉快的邀請，因為那是沒有恐懼的深度，是作為一個歷險，在其中你期望與上帝相遇。他們的生命成了一個更新的地方和時間，在其中其他人重新發現他們是誰，以及上帝是誰。

他們幾乎可以不發一言，而成為所有這一切。這就是靜默的力量。

## 靜默作為禱告

靜默有三個面向。第一個是同氣連枝：享受別人無言的同在，在絕望、沮喪和恐懼的時候，作為堡壘。它表示相信與別人同在，比選得好的話語或敏銳的行動更重要。

第二個面向是聆聽：不作論斷或干擾，容許那些沮喪的人在自己的時間，以自己的方式去表達，從而發現他們未知的事情。在聆聽的靜默中同在的人，不是作為知道要做甚麼的專家，而是作為分享發現的見證人。靜默的這個面向承認，有些歎息是比言語更深刻的。

第三個面向是禱告的靜默。第一個面向說：「這是關於我們在一起的。我們在這裏與你們一起。」第二個面向說：「我明白這真是關於你的。我在這裏聆聽你的經驗，以及你在當中找到的智慧。」第三個面向說：「整個經驗以前和現在都總是關於上帝。讓我們觀看和聆聽，上帝在這些事件中向我們顯示甚麼，告訴我們甚麼。」

參加守夜聚會後，一個名叫安德烈婭（Andrea）的年輕女士說：「我知道這是甚麼。甚麼也不知道，出現，期望醫治。」這是對守夜最簡單和最好的描述。你不需要參加訓練課程，才能夠開始愛人。你不需要特別的指導和預備，才能夠在別人的生命中同在。一切都以信任為中心。出現，甚麼也不知道。這是很大的信任。最重要的是，並期望醫治。知道我們得到我們需要的一切；我們擁有我們得醫治所需要的一切。但需要做的，只是出現。

如果你明白守夜聚會是實行出來的一個禱告，這才有意義。守夜是個禮儀——小心地建構、與上帝同在和與彼此同在的方式，設計來引發和表達最深形式的倚靠、信任和盼望。「甚麼也不知道，出現，期望醫治」實際上是一句陳述，表達在任何崇拜行動中隱含的那種信心——這句陳述表示，崇拜取決於上帝的恩典，而不在於參加者合適與否。

教導瑪西婭禱告的人，是她兒子湯姆（Tom）。他年紀很小，仍然在學習說話。他們在吃飯，瑪西婭說：「湯姆，你今晚想負責禱告嗎？」他說好的，於是他們垂下頭。湯姆說：「親愛的主，求祢令我的靈魂成長。阿們。」瑪西婭立刻感到，那是人們說過最美麗的禱告。因為他去到生命和上帝的核心。

活著以致你的靈魂成長。關於愛，神聖的愛，最特別的地方是，它是無限的。**我怎樣可以比現在更愛這個人**？你更愛他！愛產生愛。愛令愛成長。因此你的靈魂可以成長。那和世界裏其他一切都不同。你給予的，是你擁有的惟一東西。你怎樣令自己的靈魂成長？藉著愛不可愛的人，對抗恐懼，冒險——換句話說，吞下恐懼，讓你可以愛。它表示對你自己說：「讓開吧，成為上帝的同在。讓上帝透過你的生命照耀。」如果你總是恐懼，便沒有空間成就這事。

禱告是你有意識地要求上帝，令你的靈魂成長的時候。禱告是守夜事奉的核心。守夜時，有好些靜默的時刻。有無言的聚集。受託帶領守夜聚會的人感到是時候讓別人說話，但那些人未有勇氣或未同意說話，而見證人又不肯定他們應該打破沉默，還是應該在同氣連枝中等候時，有一種彆扭。有時某人提出一句話或做了一個姿勢，深刻得似乎不可能理解，因而產生靜默。有時似乎說了足夠的話，守夜聚會幾乎完成，但領袖認為最好等候一下，看有沒有最後的思想或反省浮現，因而產生靜默。

這些靜默不是言語之間的空隙。在很多方面，它們是守夜聚會的核心。它們是簡單的陳述，表示面對損失、憤怒、傷害、哀傷、無力、迷惑和沮喪，如果有任何事情會發生，會是上帝帶來的。雖然守夜聚會的領袖總是使用言語，但很少是由那些言語帶來轉化。轉化出現，因為那些聚集的人發現，有陌生人牽著他們的手，那人委身於分擔哀傷，也因為所有在場的人都明白，上帝的手握著他們。當你知道你在上帝手中時，你便意識到，你的靈魂在成長。

小湯姆的洞見鼓勵我們在信仰中冒險，令我們的靈魂可以成長。而這些守夜的靜默屬於這些冒險，因為它們不是給人保證的靜默。沒有來自公禱書的安慰、熟悉的話語，或者來自平常的禱伴的親密鼓勵，或者安排好的崇拜空間的溫暖、愉快氣氛。這是在戶外，通常在城市中人們經常避開的地區，而且通常在黃昏進行，往往面對本地居民明顯的漠不關心或不安。拼圖中一定會有一些板塊，是你渴望結合起來，變得有意義的。而其中總會有奧祕：「在這個地方，受害人和行兇者心中想著甚麼事情？死於暴力是怎樣的？看見和認識殺你的人是怎樣的？殺了人後，你跑或駕車到哪裏？那天晚上你有睡覺嗎？你會將這件事告訴別人嗎？」

正是停留在這些問題，這些令人不安的感覺時，靜默的禱告浮現。那靜默是關於停留在夢魘中，直到黎明來到；是關於凝視那可怕的，直到美麗的東西出現；是關於說出最壞的事情，並知道即使那事也是可以說出來的；是關於即使有逃跑的衝動，也保持靜止。那是關於一起面對地震和烈火，並留意微小的聲音。因為最終，靜默最重要是表示：與上帝同氣連枝。

# 4 觸摸

你好像我那樣，與某人而不是另一人發展了關係時，
變得暴力比和平容易得多。但我十分想改變。我知道
為了實現改變，我不能好像過去很多時候那樣，
獨自去做這事。

——科里，重拾信仰團隊伙伴

我最初遇到聯盟時，發覺我害怕與坐過牢的人一起。
我從沒有遇過曾坐牢的人，想到與毒販或殺人犯一起，
令我害怕。我說，我未預備好參與其中。但我漸漸
明白和接受，上帝以同一方式愛所有人。
在上帝眼中，我和任何人都沒有分別。上帝呼召我們
去愛和彼此服事，包括每一個人，而不單是好像我的人。

——邁克爾，重拾信仰團隊成員

觸摸的能力，體現了道成肉身——在其中上帝伸手觸摸我們每個人的生命。觸摸是肯定和啟示我們屬地、偶然的本性。那是我們向彼此顯示，我們並不孤單的基本方式。有人喪親時，親切可能是指一些說話，但幾乎肯定包括一些靜默，但這實際上是要指同在和觸摸——握手，托著手肘，按著肩頭，這一切都在傳達：「你在哀傷中並不孤單。」浪子的父親跑上前，用雙臂抱著兒子，在兒子未發一言前，便親吻他（路十五 20）。

## 觸摸我們的恐懼

對事奉的人來說，十分重要的是，他們學習在人們恐懼時觸摸他們。馬可（Mark）是重拾信仰事工的伙伴，他一生都十分坎坷。他被人用槍擊傷面部，失去部分耳朵和部分下巴，就好像有人用剃刀割了他一樣。馬可出獄時四十九歲，他要求重拾信仰團隊在他出獄後，陪伴他融入生活。

瑪西婭和馬可同年，她對馬可有不能形容的愛和諒解。他們有需要做的事情，例如去見醫生或替他的駕駛執照續期時，她很喜歡，因為這表示他們可以花時間一起。他們會談話。

馬可總是患病，瑪西婭不知道原因，直到她和他一起坐在傳染病診所，他告訴她自己的感覺。她終於說：「親愛的，我猜你有愛滋病。我認為這是你老是患病的原因。親愛的，是我，你知嗎？我認識你的醫生，他是愛滋病醫生。我認為你應該問他。」他說：「你不會喜愛我。」瑪西婭說：「噢，親愛的，我已經喜愛你了。你不能阻止我，不能停止我的愛。」但他從不坦白承認，自己感染了愛滋病——只是說：「你不會喜愛我。」

後來馬可死了。他去世那晚，他在醫院，他的重拾信仰團隊在幾條街外聚會，討論在他出院時可以怎樣幫助他，以及他的家庭需要甚麼。一個團隊成員接到電話說馬可去世時，他們正準備回家。於是他們都趕到醫院，比馬可的家人更早到達那裏。團隊的成員十分愛馬可的妻子，她到達醫院時，他們獲准進入病房。他們圍著病牀，圍著馬可，握著他的手。他們互相觸摸，握著馬可的手禱告。院牧簡單地禱告，然後他們默默站著。

這個故事顯示在跟事奉和恐懼的關聯裏，觸摸的意義的幾個面向。首先，瑪西婭觸摸了一個其他人會避開的人：涉及暴力罪行，被監禁了一段長時間的人。她觸摸一個面容扭曲的人——一個很難看的人。她觸摸一個患愛滋病的人，而透過她的觸摸，她幫助他明白，這種人們很害怕的疾病，他已經承受了一段時間。最後，瑪西婭和重拾信仰團隊的其他成員觸摸他的身體，而透過觸摸，他們明白上帝透過那死亡帶來的更深刻生命。

觸摸，是我們將觀看變為感覺的方法。觸摸，是我們承認和肯定我們的共同人性的方法。如果活地．亞倫(Woody Allen)是對的，即人生的百分之九十都只是「出現」的話，同在的靜默便是事奉最重要的面向。但如果你要在別人的苦難和掙扎中，由觀察者變成參與者——由「**為**別人**存在**」走向「**與**別人**一起**」——你需要學習怎樣觸摸。

觸摸不單是個反射、本能的方式，用來表達情感。它也是個要學習的操練。你必須學習怎樣觸摸，甚麼時候觸摸，甚麼時候不觸摸。有時觸摸別人需要勇氣。瑪西婭從約翰(John)身上學習觸摸事奉的所有三個方面——而觸摸是事奉中要求很高，但又十分重要的一部分。約翰年紀和她差不多，坐監超過十六年。瑪西婭透過聯盟第一個重拾信仰團隊的一個伙伴，認識約翰。那個伙伴後來又進了監獄。在獄中，他對約翰說：「你要找我的朋友瑪西婭。這是她的電話號碼。」瑪西婭很難拒絕來自達勒姆懲教中心(Durham Correctional Center)，要求由接聽電話的人付款的電話，於是她接了那通電話。約翰說：「你會來探我嗎？沒有人探我。」她回答說：「當然會。」

約翰是非洲裔美國男性；瑪西婭是白人女性。那裏只有幾個白人囚犯。瑪西婭探望約翰時，擁抱他是困難，甚至彆扭的。但約翰想擁抱她，他想有一點溫柔。於是瑪西婭擁抱他。

但瑪西婭感到矛盾。他們沒有隔著玻璃。她以朋友的身分，在主日下午上完教堂後來到。若那時陽光普照又溫暖，他們可以在外面進食，她會帶午餐。但大部分時間，他們都在擠迫的咖啡室，有很多家庭在那裏。

瑪西婭不斷想，**如果約翰擁抱我，每個人都會以為我們在談戀愛**。瑪西婭明顯知道，其他囚犯已經傳出關於她的謠言。「她是誰？」「是約翰的新女友。」甚至獄警也似乎看著她，在說：「噢，這真浪漫。」所以她會向獄警和其他囚犯介紹自己，說她是非暴力達勒姆宗教聯盟的總監，並清楚表明自己已婚，以朋友身分探望約翰，藉以令謠言不會散播。

瑪西婭也和丈夫討論。「我應該繼續探訪約翰，擁抱他嗎？這樣很容易造成真實和表面的誤解。」結果總是：「甚麼更重要——人們對你的想法，還是你守信用？」於是她繼續去，雖然有風險。

瑪西婭認為她在較年青時不可能與約翰建立友誼，因為那時她沒有那種成熟和經驗。在那些面對痛苦死亡的人的持續信心中，她見到恩典，在由饒恕培養的婚姻中發現信任的泉源，並在謙卑地降服於上帝的難以言喻的愛中，找到力量和目的。

瑪西婭擁抱約翰，因為那是他需要的。他的家人沒有致電給他。沒有人與他接觸。監獄十分孤單。於是她擁抱他。那似乎是正確的事情。她不這樣做時——有些時候，她只是想到，**我不能這樣做**——感到很糟。她感到自己屈服於世界的邪惡。

因此觸摸可以是十分危險的，因為它可以被歪曲或錯誤詮釋。但觸摸向我們顯示上帝多麼愛我們——溫柔及柔和地。你愈認識某人，那愛便愈溫柔。

這故事將所有太多的感情，從觸摸的觀念中除去。觸摸不是宣稱，握著手令一切都感覺更好。相反，它是承認監獄增強了人類深刻的孤立，而訪客與囚犯交往的方式受到強烈的感情影響。約翰無疑十分需要愛、親切、共同的人性和純粹的接受：他在身體觸摸中尋求這一切。但同樣毫無疑問的是，這種脆弱帶來一些時刻，包含自我欺騙和混亂的慾望。而這不單是一個被囚禁的男人渴求身體的愛的簡單問題。瑪西婭發覺，她那麼渴望帶給這個男人援助和安慰，以致可能會落入危險的境地，因為她很容易忘記約翰所需要，以及他想要的東西之間的分別。因此觸摸應付深刻的需要，也可以帶來真正的危險。它或許是感官中最驚心動魄的一種。

## 觸摸我們的傷口

在暴力中間的一切，都傾向混淆施予者和接受者的觀念。不過，有些人的家人被謀殺，有些人卻沒有。接受這種事奉的感覺是怎樣的？這裏是布倫達的簡短論述，她知道有生命從自己那裏被奪去是怎樣的。

> 宗教聯盟不單是一個名稱，它是一股力量。它在二〇〇七年八月進入我的生命，那時我的兒子倫道夫．詹姆斯（Randolph James）正如人們說「因為在錯誤的地區愛上一個年輕女子」，而被謀殺。他是我最小的孩子，當時只有二十五歲。我以前從未聽過非暴力達勒姆宗教聯盟，在那樣的時間肯定不想見他們。一個朋友說服我出席一

> 個聚會〔聯盟每月一次的午餐圓桌聚會〕，由那時開始，我的生命改變了。我走進去時，可以感受到房間中的愛和接納。人們上前歡迎你，給你友誼，聆聽和安慰你。
>
> 我從未聽過守夜聚會，因此不知道可以期待甚麼。那守夜聚會十分屬靈和令人平靜。所有想參加的人都得到歡迎。它讓我有機會，向親愛的倫道夫說我以前沒有機會說的話。這樣做時，我第一次感到我放開他，讓他與耶穌一起。雖然流下了很多眼淚，但我的心感到比謀殺事件前輕省。啊，那是愛的禮物，永遠不能回報。我想到非暴力達勒姆宗教聯盟時，想到愛、接納、在需要時同在、不倦的工作、幫助無助的人、不論斷。他們嘗試幫助需要幫助的人時，是充滿熱誠的。我感到上帝給我新的家庭，是適合我的，我十分感激。

關鍵的面向是身體的同在——微笑、分擔的眼淚、聆聽的耳朵，以及在布倫達哀傷的旅程中，陪伴她的那些人溫暖的身體。這種溫柔的同在確立接納和理解的連繫，並傳達一種超越恐懼和哀傷的親切。

森姆的一句口號是:「如果不能快樂，便令它美麗。」他的重點是，生命不單是要快樂，在沮喪時發現的一些真理，建立的一些友誼，找到的一些智慧，可以比不斷追求快樂更持久和重要。在這個意義下，快樂是渴望漂浮——或許甚至漂走——而美是對更深的事物的觀念和慾望，迫切想挖掘，看裏面，留在現實中，直到上帝得到揭示。這是在布倫達上面那些了不起的說話中的力量:「雖然流下了很多眼淚，但我的心感到比謀殺事件前輕省。」

在守夜聚會與恐懼的麻木相遇時，可以找到美。有一次，聯盟的成員和其他哀悼的人站在市中一條街上。居住在那個社區的牧者阿比，正在為亞當(Adam)帶領守夜聚會，他是一個青少年，可能是十六歲。他的表哥也剛剛被殺。在亞當被殺的行人路上，每個人仍然可以看到血漬。那天下午瑪西婭走遍那個地區，邀請人們出席守夜聚會。街上的人不多，所以她需要敲很多門。那時是冬天，很早便天黑，但不太寒冷。人們從屋裏出來，聚集在那裏——那個地方實在不美麗。看見這個年青人的血在行人路上變乾，實在並不美麗。但接著守夜聚會開始。人們點起蠟燭。聚集的人點起蠟燭，代表上帝的光和上帝巨大的愛。

對每個受害人來說，都有怪責的對象，因為暴力是由別人手中產生的。正如瑪西婭從那天下午的談話中所知道的，那裏有不和。有些人抗拒守夜聚會，因為他們害怕會有更多暴力。其他人聽到邀請了警察來時，感到焦慮。但他們一起站在那裏時，瑪西婭看到這是美。這是信心的實現。一切都是完美的，一切都是完整的，一切都是可能的，只在於他們一起在那裏。

開始時，瑪西婭看不見那美——只有悲劇、恐懼和不足。但後來，隨著人們聚集時，她明白他們擁有世上一切的豐富。他們有羣體。他們有彼此。他們有不能形容的愛，是來自上帝的。基督的和平在那裏。那是美。那是她記得的其中一個，最美麗、最有意義的守夜聚會。

瑪西婭後來發現，不單她有這種感覺。她和亞當的繼父上同一間中學；她見過他其他家人，也愛上他們。每當他們見到對方——他們在十分憂愁的情況下見到對方，往往是記念謀殺案的受害人——都總有喜樂。那喜樂來自他們在那一刻，那實現中分享的一切。那喜樂延續。那一刻繼續在這個羣體中照耀，肯定也在他們的生命中照耀。

甚麼令一段時間或一次聚集美麗？在守夜聚會中，那是在那些聚集的人無懼地交往時——當他們不加阻礙，讓上帝愛他們，當他們容許自己同時接受那愛的時候。人們的愛，是與他們所蒙的愛成正比的。這是有信仰的人的力量所在——知道他們接受了巨大豐富的愛——以及隨之而來的所有智慧的所在。美，來自人們無懼地愛的時刻，不害怕別人認為他們是怎樣，也不害怕後果。

無懼的觸摸，在聯盟的事工中以兩種特別的方式讓人們經驗得到。或許最明顯是分享很多擁抱。幾乎在每次守夜聚會後，說了所有話，分享了記憶後，人們都即時互相擁抱。人們不多說話，因為沒有甚麼要說。人們降服於哀傷中，向無力改變現狀的狀態屈服。擁抱承認大家有共同、體現、分享的人性。那是面對殘酷地被殺的人那突然和可怕的缺席時，承認另一個有血有肉、活著的身體寶貴地存在的方式。擁抱變成需要和習慣，以致完全陌生的人也擁抱，不理會種族、階級和性別的傳統，而是肯定憐憫、理解、尊嚴和開放，這些更重要的法則。

聯盟另一個無懼地觸摸的經驗，是處理與謀殺案受害人有關的珍貴物品。有時人們帶來一張照片。有時人們找到一首詩。有時是一幅畫，由受害人或一個朋友繪畫，是創意和天分，以及沒有實現的潛質的紀念品。在每個情況下，珍惜這些物品的關心和親切，與擁有者死亡一刻的殘忍和可怕，形成強烈的對比。這些物品得到珍惜，好像聖餐時人們拿著的餅和酒；不知怎的，透過這些物品，死亡的大分歧被克服，人們可以看到受害人在世界中的位置那持久的特質。但只有在這些物品得到珍愛和珍惜時，才能夠這樣——而這是關於人們怎樣觸摸它們。有時，其他人可以觸摸這些物品。但通常只是家人溫柔卻穩妥又堅定地拿著它們，讓其他人觀看，但不能觸碰。

家人觸摸這些物品，似乎好像他們渴望觸摸死去的親人那樣。他們這樣做的方式，讓那些尋求與他們一起的人看到，他們想別人怎樣觸摸他們。**與**那些這樣哀傷的人一**起**的祕訣，是找方法觸摸家人，好像他們觸摸這些珍貴的物品一樣。

## 觸摸那空虛

這事奉中的「空虛」，是持續的焦慮、恐懼或明白，在暴力的死亡後，你不能做甚麼令事情變好，這事奉不會帶來甚麼真正的分別。聯盟的工作的整個要點是說：「當然，我們不能做甚麼。但我們還是**與**你一**起**。或許我們一起可以發現一些東西，雖然知道我們不能做甚麼，令我們沮喪和無力。」而往往就是這樣。但錯誤就是有一刻忘記了，因知道自己甚麼也不能做而產生的謙卑。錯誤就是忘記對很多失去愛人的人來說，即使有別人同在，靜默和觸摸，他們也可能感到受侮辱或威脅。

在二〇〇五年一個特別的場合，那空虛是真實和痛苦的。那是在達勒姆經濟最差的地區中舉行的守夜聚會，由當地一位浸信會牧者莎拉（Sarah）帶領。在守夜期間，一個男人駕駛一輛昂貴的大房車過來。人們站在樹下的濕土、污泥上。那個男人從車上走下來，向莎拉呼喊：「你在這裏幹甚麼？這不是你的地區。」聚集者曾經有過的任何疑惑——他都觸及。不單觸及，也用刀插入。那十分痛苦。

莎拉仁慈及和平。她知道不應該回應，不應該對抗，而是容許它，接受他的憤怒和呼喊「離開我的社區」。那真的很艱難。他告訴他們，他是越戰退伍軍人。達勒姆剛剛有一宗由退伍軍人干犯的謀殺案。而這談話剛好在那故事之後。那個男人說「我是退伍軍人」時，人們立刻想到那個退伍軍人的暴行。

接著他反對莎拉詮釋聖經的方式。她的信息以上帝的恩典和憐憫，照亮人類痛苦和絕望的黑暗。她肯定在一個生命被另一個生命暴力地破壞時，上帝同在，她說我們不是被上帝懲罰。我們在上帝裏面是合一的。那退伍軍人說在場的人都不明白基督教。他說，他們不單在地理上超出界線，他們在靈性上也越軌。他們就是越了軌。

每個人都感到驚訝。沒有人離開，但人們都啞口無言。沒有人為自己辯護。於是他離開。

但他得到歡迎。即使在他十分不開心時，他仍然受到歡迎。人們有一個簡單、基本的協議：所有人都受到歡迎。那羣人真的是這樣。這是公開的守夜聚會。

這個經驗教導瑪西婭怎樣觸摸空虛——怎樣在自己和別人裏面，應付認為這一切都是浪費時間、入侵哀傷，動機良好但空洞的姿勢——換句話說，只是模仿「**為**別人**存在**」——的恐懼、憤怒、犬儒和絕望。她花時間接受這經驗，在其後作出一些決定。那經驗引導她明白防衛是甚麼——我們怎樣發自內心和本能地為自己辯護。這令她重新委身於「接受一切」的意思。但她也想對那個男人說：「這**是**我的地區。」

整個經驗帶來一個重要的肯定：那些守夜的人不是**外人**。這不是「外人進來」，即使世界喜歡對他們抱這樣的想法。**沒有外面**。每個參與的人都需要說：「我們在其中。我們**在其中**。我們一起在其中。」人們開始想到「這是**我的**土地，這是**我的**家，這是**我的**金錢。這些是**我的**百姓——

而那些**不是**我的百姓」，就顯示他們沒有基督的知識或同在。

愛的最重要姿勢，不涉及言語。它們涉及同在和觸摸。言語可以詮釋、支持、擴大和澄清這些姿勢。但幾乎永遠不能代替它們。如果事奉的同在和觸摸出錯，言語不能做甚麼。如果事奉的同在和觸摸正確，言語通常會自然產生。

# 言語 5

在超過十五年期間，我被拘捕了十四次。我出來後，人們關上門。我看著我的社區，四處都有毒品和槍擊事件。人們猜想我甚麼時候又要坐牢。我知道我不想再這樣。現在我唱：「我知道我改變了，天上的使者簽了我的名字。」

——特拉維斯，重拾信仰團隊伙伴

每年我們都舉行週年守夜聚會，在那裏如果人們與被謀殺的人有連繫，是他們的家人或朋友，我們便請他們站起來。那麼多人站起來，令我感到不可思議。今年我也站了起來，因為我有幸有一個名叫東尼的朋友。我永遠都會記得東尼，我心裏經常聽到他的聲音。別人對我說過的其中一句最好的話，是東尼的母親辛西婭（Cynthia）說的，她說：「我知道東尼愛你。」我也愛他。

——羅恩，重拾信仰團隊成員

在槍擊暴力事件後的事奉中，所有言語都源自一種關係，是建基於**在靜默中同在**和**透過觸摸克服恐懼**。這章看基督徒使用言語的三個處境：與彼此、向上帝和為上帝。

## 與彼此

或許人們想像服事受害人的家人時，最大的焦慮是，首先怎樣開始這關係？每種恐懼——那是入侵，很可能引起敵意或沮喪，那是無意義的，你沒有權利介入——在撥第一通電話時浮現。你究竟要說甚麼？

這時往往涉及種族的面向，因為致電提出舉行守夜聚會的往往是白人，而大部分接電話的，都是非洲裔美國人或拉丁美裔人士。如果你以主流種族的身分成長，你可能很容易接管一切——甚至沒有想過，而且還有最好的意圖。如果你成長時很自信，一切都指向你，重要的形象都顯示世界為你而建造時，你很容易走進去接管一切，因為你成長時就是這樣，得到肯定這樣做，人們也告訴你這樣做；你有很多答案，你也十分自信。因此，第一件事是看到這衝動，嘗試將它放在一旁。

瑪西婭每次致電都會投入很多思想和關心。對她來說，守夜的基本經驗，總是回應無法估量的損失，回應一個似乎不能贖回的情況。她或接她電話的人，都不能令被殺的人起死回生。因此那電話需要有無比的愛。上帝的愛。只有一位可以幫忙，那就是上帝。瑪西婭在致電前思想的是，她和家人和行兇者怎樣在上帝裏面聯合，以及即將與她交談的母親，對她多麼重要。她能夠提供的任何澄清、協助和憐憫，都必須來自深刻的謙卑——這種謙卑容許她降服，而不是控制。

她致電時，是找謀殺案受害人的母親、父親、兄弟、姊妹、他們所愛的人，而通常她會找受害人的母親。她介紹自己，說自己為他們的損失感到很難過。那也是她的損失。(有些人——不是母親——會說：「**你**為甚麼而難過？**你**沒有殺死他。」)之後她通常說：「我沒有見過你的兒子，但我知道他是我的兄弟，他是我的鄰舍，我知道沒有他，達勒姆失色不少。我致電來只是說，我只有這些話要說。我想你知道，那不是我的言語可以表達的。」

對方的回應通常是：「是的，謝謝。」瑪西婭在這些電話中，深深感到自己一再倒進上帝的臂彎中，讓祂抱著。因此那些言語是：「我個人十分難過。我身為上帝的孩子，與你分擔這損失。沒有言語可以描述這感受，但我來獻出我的生命，我的靈魂，我的禱告，和我的信心。我也向你的孩子表示尊重，知道他或她和任何曾經在世或將會在世的人，都有同樣重要性和價值。」

這之後幾乎總會發生的是，那位母親接受這些話，並說謝謝。然後，瑪西婭幾乎每次都會問：「你可以告訴我關於你孩子的事嗎？我想知道。」接著母親講述孩子的良善、美麗和成就，而他或她不應該有這樣的遭遇。對瑪西婭來說，能夠說：「你知道你的孩子好像我的孩子一樣，是無法比擬的恩賜，是祝福，難以形容的祝福」，是特別的祝福。

接著瑪西婭開始談及守夜，她說：「我們很想向你的孩子表示尊重，因為他是我們的孩子。我們受到信仰感動要做的其中一件事是，見證每個人的尊嚴和價值。那不是我們賺得的。那不是由任何東西、金錢、天賦或恩賜給予我們的。我們只是透過上帝的恩典獻出它，我們也擁有它。那是我們的屬靈身分。我們想進行一次守夜聚會，向你的孩子表示尊重，我們想你在那裏，告訴我們關於你孩子的事，以及他一生中的所有美好回憶，所有恩典和良善。守夜聚會向這個社區見證我們是合一的——我們的自我在上帝裏面是合一的。聚會也向地區見證，你所愛的人在哪裏被殺。但如果守夜聚會不合適，也不要緊。」

瑪西婭對此沒有規則。惟一的規則是忠於透過上帝而存在的愛。但通常回答都是:「那很好」,因為在達勒姆被殺的人,有三分二都在街上被殺,在行人路上或在前院被殺——換句話說是在公共場所——有人看見事件,或行人路上這些罪案現場的血漬,知道一些不公義的事情發生了。守夜提供一個機會,見證社區的良善。守夜就是關乎這點——它是說:「你並不孤單。我們為了你在這裏。我們分擔你的哀傷,我們與你一起背負那不公義。」它向所有孩子和鄰舍見證,它可以變得美麗。在社區裏有巨大的良善。但它只能夠透過關係變得真實。這是由「**為**別人**存在**」過渡到「**與**別人一**起**」。坐在我們的房間默想這件事是沒有用的。我們可以默想它,為它禱告,但愛卻是透過關係上的行動而存在。

一旦負面的假設被拆解,信任可以很快增長。但當守夜的時間來到,便是關於向上帝説話,多於與彼此交談。

## 向上帝

守夜的核心在於踐行哀慟。哀慟表示停止嘗試在我們的憤怒、理想幻滅和絕望中,保護上帝。哀慟表示承認和感受那深深的傷害,在羣體在場下,用聲音向上帝表達,羣體與哀傷的人一起承受那痛苦。哀慟的詩篇是有力的例子，顯示個人和羣體向聆聽的上帝模塑他們的痛苦和憤怒，並將它們表達出來。

守夜聚會不是給專家或專業的宗教領袖，解釋或證明暴力的死亡為甚麼發生，或要求人們採取行動停止這種謀殺的時間。守夜聚會是讓內心公開地在赤裸裸的痛苦中打開，並在憂愁和哀傷中哭泣。有那麼多哀傷。死亡、不公義、疏離、報復、疏遠、剝削——它會在哪裏終止？因此有很多事令人哀慟。沒有甚麼比這個更有力，就是接受你自己的哀傷，看到你與所有人的連繫——包括你在這特定羣體和所有羣體中的弟兄姊妹。容許你自己感受這樣大的痛苦、哀傷和憂愁，令你的心打開。它表示學習說：「我容許這痛苦存在，我不推開它。它是我的；它就是這樣。這就**是**。我不會離開它。我會容許它傷害我。我會感受我的傷害。」

瑪西婭獨自思想某個受害人，想到那個母親和家人，想到那生命的一切良善，和為那生命感激上帝時——哀傷便開始，眼淚流出。一旦她擁抱那痛苦，她在自己心裏的異象看見的，是分隔的牆——以弗所書稱為「中間隔斷的牆」（二 14）。她看見人生中植入了她裏面的那些假設、那些信念、那些恐懼、那些偏見。有一些是她進入其中，自己尋求的；另一些是她單因為在這個世界，屬於這個世界而接受的。當她讓眼淚流出時，她可以感受到那痛苦，那時她才能夠辨別那些分歧和分隔的結構——她可以看見它們。她看到它們怎樣在她生命中投下陰影，以致上帝的光和愛不能穿過。

在這痛苦、哀傷和傷害的狀態，瑪西婭來到一個大大的「我降服」的地步。她向世界的痛苦，包括自己的痛苦降服。她的心碎開來，眼淚似乎沖走那些牆，不是全部。但她可以感受到她分隔的幻象開始沖走。她可以感受到疏離的幻象，不足的幻象沖走。眼淚將那些牆沖去，她充滿愛，神聖的愛。那不是她頭腦的經歷，而是在她身體裏的經歷。她可以感受到自己的胸口打開——一種強烈的感覺流遍她全身。她感到自己可以自由呼吸，完全充實。她想到，**我存在。我可以看到自己的真正身分。那真正身分是上帝的孩子**。

瑪西婭通往那經驗的途徑，是透過追求、或承認、或尊重痛苦。人心想逃避傷害。但她發覺，她愈走向死亡，便愈不害怕死亡；她愈容許死亡存在，在自己生命中和羣體的生命中，愈尊重它，便愈有能量，在生命愈有喜樂，愈明白它是個非凡的機會。重要的，不是生命的長短，而是知道我們也會離開這個世界，我們能夠以永遠不死的方式在這世界生活。這種存在形式的名字叫做愛。因此那弔詭是，我們愈留意和尊重死亡，便愈有生命。

哀慟因此在心中尋找最深的地方，將它們向上帝的同在呈現。那是整個身體的經驗。守夜的複雜性部分，在於經驗這感受的深度的人，是彼此並非十分認識的——有時甚至是彼此不認識的。因此，隨著在上帝面前敞開內心的親密而來的是，不知道說甚麼或怎樣說的深刻的彆扭。

對還未認識的人有這樣強烈的感覺時要怎樣行動，瑪西婭學到很多東西。哀慟是當你感受那情況的痛苦，為它哭泣，要求憐憫，感受你自己生命的痛苦。你會留意到那些時間，你看不見別人生命的事實，不能愛她或他。你嘗試愛一些驟眼看來可能不可愛的東西時，有些事情發生。那是那麼不舒服，以致你想它離開。但那不是上帝的方法。你需要找出一條路，向那人打開你的心，**認領**他或她。你可以感到你的靈魂接觸那個人，彷彿她或他在你臂彎中，好像嬰孩那樣。而這表示由你的靈魂，而不是你的思想帶領，因為你的思想會說：「這是可怕的。讓我離開。」

瑪西婭對自己說，**以你真正的身分，以你生命的來源，以支持你和你永遠是誰的來源，由你的靈魂帶領**。這容許她感受那痛苦，尋求那親密和觸摸。以她的靈魂帶領，容許她接受現狀，不對抗它，不坐在它的同在中說：「噢，應該是這樣。噢，我希望它是這樣。噢，這怎樣發生？噢，接著會有甚麼事情發生？」而只是**與**那哀傷**一起**，降服於上帝，知道我們需要的一切都在這裏，是可以得到的，並**甚麼**也不做。這就是不做事的操練——甚麼都不做，藉以容許那人和你自己感受那痛苦——不要從它分心或消滅它。這是溫柔地說：「我愛你，不需要你是沒有痛苦的。」

雖然有憤怒、憂愁和疑惑，但基本層面上哀慟是哀傷。哀慟不是功能或功利的東西；不過感受、觸摸、指稱和闡述哀傷的真正面向時，可以說是觸及哀慟的核心。在這個意義上，對於好好地哀傷，哀慟是十分重要的。一個人死得愈不好，他的親人得到支持和機會去好好哀傷，便愈重要。

好好地哀傷是甚麼意思？好好地哀傷是感受**所有**痛苦，因為所有痛苦都源自愛。我們很容易忘記這點。瑪西婭好像很多其他人一樣，在一種人們不流露哀傷的文化中成長——在社會中，哀傷是不能接受的。這限制了哀傷需要做的好事。這並不表示人們沒有感受，而是因為他們不流露那感受，那感受變得內化。人們以為如果他們感到痛苦，他們便有不足或有缺陷。有信仰的人以為，如果他們愛上帝，便不應該感到痛苦，這為彼此帶來很大的損害。他們有時需要說的是：「主啊，我在這裏，帶著這一切破碎。碎成一百萬片。完全無言，混亂，憤怒，沒有力量，全然痛苦。」這就是哀慟。這也是信任上帝的時刻。

好好地哀傷就是這樣。瑪西婭記得，她年紀小時，落入羽毛牀中，向下沉。她哀傷時就有這種感覺。在那痛苦中，她被愛圍繞。但只是因為她分享那愛，她才感到那痛苦。離開並說「我一定有點不妥；上帝不在這裏」，是錯誤的。好好地哀傷，顯示甚麼不是出於愛。那在眼淚中整理出來。那些眼淚沖走可以沖走的牆，留下可以持續到永恆的東西。這令我們可以辨別甚麼是出於愛，甚麼不是出於愛。然後你便能夠應付它。你哀傷，不單是為死去的人，也是為恐懼和所有需要處理的事情。

毫無疑問，根據這些條件，一些守夜聚會比另一些守夜更有所得。有時只有很少，甚至沒有家人出席。例如：一個新移民死亡後，可能沒有家人居住在城中，或甚至這國家中。還有些時候，有令人震耳欲聾的靜默，哀悼的人知道一個問題，卻因為某些原因，不能將問題說出來，因此發生的一切都似乎是表面的，因為事實不能說出來。有時為了保障和安全，有很多警察在場，因此重要的人敬而遠之。在十分少見的情況下，應邀帶領守夜聚會的人誤解了那些情感，或那情況的認真程度，或者周圍交通的噪音，或其他干擾太令人分心，以致守夜的工作受到妨礙。但更多時候，哀傷得到表達，在場的一些人或很多人，都投入哀傷的「羽毛牀」中。

### 為上帝

瑪西婭不是牧師。她邀請本地牧者帶領守夜聚會；她不認為自己需要作帶領。帶領守夜聚會的角色，肯定是幫助人們向上帝說話，無疑也幫助他們彼此說話。但這角色隱然和明顯地，也是**為**上帝說話。面對沮喪和絕望，這是困難的，但卻是更必要。一些關於上帝的真理必須公開地得到肯定；同時，承認不知道一些事情也是好的。如果牧師肯定得太多，超越我們對上帝的目的和原因所能夠知道的事情，人們可能感到受傷害，甚至憤怒。但如果牧師肯定得太少，不想將甚麼強加給人，只想創造空間，守夜的全部力量便不會實現。

給牧師的第一個問題是：「面對可怕、憤怒和哀傷時，你是誰，以致你認為自己可以說話？」以下是帶領過幾次守夜的牧師阿比所預備的：

> 身為受按立的牧者帶領守夜聚會，在教堂以外創造一個崇拜和禱告的空間。我帶領守夜時戴著牧師領口，表示走進謀殺的環境中是神聖的地方。在我的傳統，人們將牧師領口與崇拜的行動連繫起來。我是說：「這個表面上被離棄的地方，可以像稱為教堂的建築物一樣，是與上帝相遇的地方。它是神聖的地方，因為在這裏，人們謙卑和懷著期望聚集。」
>
> 有些人會說：「這裏沒有你的事。那不是你的家人或朋友。」我身為牧者以教會的權威說話時，我說：「這個人**是**我的家人，因為他們是上帝的子女。」受按立表示，有時以挑戰人，有時以安慰人的方式這樣說。但那總表示給人們自由去生活，相信他們屬於上帝的家庭。

關於在守夜聚會中具體要說甚麼的焦慮，和與哀傷的家庭第一次接觸時的焦慮相似。不認識受害人可能會為牧者帶來好處，只要牧者集中在可知道的事情上，無論環境如何。畢竟牧者宣告的，是無條件的接納——而無條件正表示無論環境如何。這些不是你可以失去的特權，或你可以放棄的權利——它們是上帝那最終不可抗拒，但帶著溫柔的愛的說話。阿比繼續說：

我應邀帶領守夜聚會時，我選擇一些經文是說出那悲劇和痛苦，同時又引發只有上帝可以帶來的醫治的。詩篇四十六篇是其中一段最好的經文：「上帝是我們的避難所，是我們的力量，是我們在患難中隨時的幫助。所以，地雖改變……我們也不害怕……上帝在其中，城必不動搖；到天一亮，上帝必幫助這城……萬軍之耶和華與我們同在；雅各的上帝是我們的避難所！……你們要休息，要知道我是上帝！」經文可以容許我們聽到上帝自己的哀傷，同時又吸引我們，進入上帝無盡的愛的同在中。

我為上帝所說的最重要事情是「上帝以前和將來都總是愛卡多（Kado）」。「卡多的生命不單關乎他死去的方式。」「上帝掌握他整個生命，特別是他的死。」「上帝不認為任何人應死於暴力之下。」有一次，在守夜時，我們腳下的行車路明顯有血漬，那些血漬把整個地區的傷口顯明。我們站在一起時，我說：「上帝愛我們站在其上的這地。上帝創造它。上帝永不會離棄它。上帝愛那些將生命建立在其上的鄰舍。上帝總會這樣。」

我學懂談及犯罪者是多麼重要。無論有沒有人被拘捕和定罪，這都是真實的，因為人們往往知道疑犯的一些事情，是不能公開分享的，而有時這些對哀傷的家庭或地區來說，是最困難的事情。談及犯罪者，往往最好是在禱告中記念他們，因為上帝提醒我們，那察覺和製造敵人的試探。那最好是來自上帝的信息，也是守夜中十分重要的，即使是富挑戰性，而且有時令人不安。

上帝來承認未和好的一切，未得醫治的一切，在暴力死亡中讓公眾看見的一切分歧和疏離。上帝知道。上帝不期望我們將這一切都弄妥。上帝與我們同在的方式，推動上帝去到我和我的弟兄、我的姊妹、我的鄰舍之間，未和好的一切中。

這或許是聯盟的事奉中仍然適合說是「**為**別人**做事**」的地方。牧師在這裏有獨特的角色。守夜是關於表達感受，但不單這樣。守夜是向上帝，和向哀傷、傷心、憤怒、絕望和哀慟的羣體作見證，但甚至不單是這樣。守夜最終表達對上帝的信心——甚至——或特別是——在很大的痛苦時，願意進入上帝的同在，盼望和期望基督教信仰的三個主要應許。有天使加百列的應許：「以馬內利……上帝與我們同在」（太一23）。有保羅的應許：沒有東西可以使我們與上帝的愛隔絕（羅八38～39）。還有耶穌的應許：「我就常與你們同在，直到世界的末了。」（太二十八20）這些是上帝的應許，上帝應許常**與**我們**同在**。我們需要聆聽和接受這些應許。而這就是牧師的角色：溫柔卻堅定地宣告，無論環境多麼可怕，最重要的事情仍然是真實的，而且在於上帝。

# 國度 6

我重拾信仰團隊的成員和伙伴是我的天使，他們在我最需要時保護我和關心我。他們是我在地上的天使。

——卡比，重拾信仰團隊伙伴

自從我加入重拾信仰團隊，我遇到一些了不起的人。我因為他們的轉變，以及他們決定保持正直潔淨的信念而驚訝。我看著他們冷靜地處理巨大、不尋常的困難，這些困難經常出現。我驚歎他們對社會和社會加諸他們的限制的耐性。他們生命中的快樂，他們為之夢想的事實，以及他們對自己生命的盼望，都令我驚訝。

——邁克爾，重拾信仰團隊成員

這最後一章，藉著集中在非暴力達勒姆宗教聯盟的和好及重拾信仰事工，特別是東尼——他是伙伴，曾經被監禁，後來被謀殺——的故事和其後發生的事，將前面五章的主題連結起來。

## 重拾信仰

和好及重拾信仰事工將有信仰的人，與從監獄釋放出來的人，和法律司法系統裏的人，連繫起來，讓人們彼此之間和跟他們的羣體都恢復整全。第二章講述瑪西婭怎樣明白，受害人和犯罪者之間沒有簡單的區分，每個人都參與其中的故事。這個發現是和好及重拾信仰事工的開始。當瑪西婭發現聯盟為一個男人舉行守夜聚會，而六個星期前，他剛出獄不久，瑪西婭在另一個守夜中遇見他，這事工便開始。瑪西婭哭了起來，因為她發覺自己的心變得剛硬。她為自己沒有愛的所有人哭泣。她為所有她不容許自己真誠對待的家庭哭泣。她為她可怕地假設有兩個陣營而哭泣。她現在可以看到，沒有不同陣營，沒有敵人，上帝沒有敵人——她也不應該有。這發現令瑪西婭跪下。她可以看到自己怎樣與上帝分離。她十分清楚看到，上帝呼召聯盟做甚麼。是時候將對犯罪者的服事，整合到對受害人家庭的服事了。

由於聯盟的成員都負責不同的委員會，他們開始和別人聯絡，思想改變關於暴力犯罪者的本地政策和結構，他們應該推廣甚麼法例，他們可以想出甚麼計劃，他們可以分配甚麼資金，令所有暴力、槍械和憎恨離開。透過網絡，瑪西婭遇到古德，她主持刑事司法資源中心（Criminal Justice Resource Center）。這兩個女士見面大約一年，談及可以怎樣為暴力犯罪者創造一種事工，在其中他們不會傷害別人，可以忠於上帝，並建立不尋常的友誼。那不是你可以只站在本地監獄說：「喂，有沒有人需要重拾信仰團隊？」所以她們計劃和禱告，在二〇〇四年一月於埃普沃思聯合衞理教會（Epworth United Methodist Church），也就是瑪西婭成長的教會，組成了第一個重拾信仰團隊。本地一些浸信會、貴格會、聯合基督教會和其他教會，也陸續組成了重拾信仰團隊。

瑪西婭透過和好及重拾信仰事工遇到東尼。東尼在二十一歲生日前幾天出獄回家，已經坐牢差不多五年。他透過刑事司法資源中心，聽到重拾信仰團隊的事工；那中心是達勒姆縣的代理機構，為緩刑或出獄後接受監管的人提供多種服務，東尼一出獄便要求加入團隊。那團隊來自本地一間浸信會。他們承諾在彼此的生命中存在。他們一起做很多事情。東尼申請工作時，他們游說僱主，也幫助他購物、買藥和應付各項開支，和他一起玩耍，一起吃飯，享受與他的嬰孩相處，和他一起流連。他們一起經歷同在、關係、「**與**別人一**起**」的力量。他們也為團隊認識他期間，他幾個死於暴力的朋友哀傷，並一起支持守夜事工。每次聚會結束時，他都會擁抱瑪西婭和團隊其他成員，他們離開前總會對彼此溫柔地說：「我愛你。」

這種團隊製造和揭示的那種能力，是連繫的恩賜：沒有人是孤單的。這是每個出獄的人開始的地方。我們的社會製造一種幻象，令人以為我們獨自做事，生命是十分個人的旅程。這不是事實。成功，在關係的處境中發生。重拾信仰團隊是一羣人，他們彼此問責，不單向彼此負責，也向教會、聖經、傳統和將來負責。他們在教會與世界的和好中，是一幅細小的圖畫。

在東尼的重拾信仰團隊，有一個時刻特別顯示連繫的力量，以及他們信任的關係怎樣從彼此關心中爆發出來，在公眾中變得重要。那就是「**與**別人**一起做事**」和「**為**別人**做事**」，在「**與**別人一**起**」的力量中結合起來的時候。

東尼被警方視為可疑人物。他沒有得到寬恕。人們根據他過去的過犯，來看他後來的所有行動。他會因為輕微的違規而收到傳票。有一次，在重拾信仰團隊的聚會中，東尼說：「唔，我要上法庭。」團隊感到驚訝，問他為甚麼。那是輕微的罪行：東尼坐在汽車後面，汽車播放的音樂很大聲，車上所有人都被控擾亂公安。團隊說：「唔，我們一起去。我們都會出現。」於是他們進入法庭，那裏很像教會。有長椅，也有講壇，有一班律師和法庭書記。但開始審理案件時，氣氛很陰沉；人們沒有笑容。東尼的公設辯護律師是白人。負責檢控的助理地方檢控官是白人，法官也是白人。東尼是非洲裔美國人。東尼的重拾信仰團隊成員也是白人。

開始審訊東尼的案件。團隊的成員不說話；他們只是好像沉默的詩班那樣，站在他後面。出現了一種非常不友善的氣氛。最後法官突然說：「停。你們**是**誰？」他瞪著團隊說：「你們**是**誰？」團隊的成員立刻說：「我們是沃茨街浸信會（Watts Street Baptist Church）和好及重拾信仰團隊——他和我們一起。我們在這裏，只是讓你知道，他是好人，我們十分愛他，他和我們一起，我們和他一起。」地方檢控官和公設辯護律師無言以對。

法官垂下頭，瑪西婭聽見他說：「我們在等你們。我們在等你們。這就是教會需要去的地方。」接著一切都改變。法庭的感覺不同了。人們取笑團隊的興奮，他們與東尼一起的喜樂，他們分享的愛和他們表達的友誼。法官微笑，他的表情說：「你們在這裏，我們很高興。」

東尼本來可能受到折磨：可以加給一個人的每個判決、每個假設，都很可能投射在他身上。但那次之後，檢控官合作，懲罰是最輕微的。有和好的氣氛。瑪西婭站在東尼後面想到，**如果我們的角色逆轉，我這個白人站在那裏受審，法官和掌管我命運的人都是黑人，不知道我來自哪裏——如果有黑人信仰團隊坐在那裏說「她是與我們一起的」，那會多麼美好。那會是多麼好的恩賜。**

和好及重拾信仰，不單是給犯事的人的事工。它是重新融入社會的事工，一次一個關係。它假設犯事的人是一個迷了路的社會中，公開、可見的病徵和代罪羔羊。十二步驟（編按：這是一些機構幫助有沉溺行為的人的方法）為個人所做的事情，重拾信仰團隊為社區做：在將事情弄妥的過程中，他們逐步說出錯誤的範圍。他們是關於我們每個人與自己的社區，和與上帝的和好，以及教會與社會的和好。

和好是關於個人地說：「我想投入教會，與我的教會，與上帝和與更大的社區一起，變得整全。」要這樣做，只能靠得很近。它不能以頭腦來進行。它需要一種關係，這種關係不單承諾「這一刻我與你一起」，也承諾「我明天也會與你一起」。瑪西婭發覺東尼仍然與她一起，在她的禱告和想像中；她一直基於她與東尼的關係而作決定。

不單東尼，重拾信仰團隊的每一個成員，都被他們一起的生命轉化。和好及重拾信仰，表示每個人都與上帝、教會及社區和好，重新進入關係。

## 復活

後來東尼被謀殺。晚春的一個下午，他在路上，沒有武器。瑪西婭在第二天早上接到東尼姊姊克莉莎（Kelisha）的電話。送了兒子上學後，瑪西婭立刻趕到東尼家裏。她立刻看到，她和另一個重拾信仰團隊的成員羅恩，都好像家庭成員一樣受到尊重。瑪西婭和家中的一些婦女聚集，預備食物。

在其後幾小時，多年來小心培養的關係進入故事中。首先，一個《羅利新聞和觀察者》（*Raleigh News and Observer*）的記者來到，家人自然不願意談論東尼。瑪西婭立刻說：「他是斯坦（Stan）！是一個朋友。」多年來與報導罪案的記者談論謀殺和罪案，在這一刻結出果子，瑪西婭可以對家人說：「他與我們一起的。他是我們的一分子。他在國度中。」而羅恩是重拾信仰團隊的成員，他以前是本地另一份報紙《達勒姆先驅太陽報》(*Durham Herald Sun*)的社論編輯。因此家人知道東尼的尊嚴會在報紙中會得到肯定，他們的恐懼減少了。

然後出現了喪禮的問題。東尼和他家人是「波浪」的成員，那是個正在增長的非宗派教會，教會所在的建築物太小，不能舉行喪禮。重拾信仰團隊所在的沃茨街浸信會也太細小。接著瑪西婭問：「你們覺得杜克禮拜堂怎樣？」因為東尼的母親辛西婭在杜克工作多年。這個想法似乎不可思議。杜克禮拜堂著名，又大，哥德式，而且莊嚴，似乎是象徵富裕和有影響力人士的教堂。甚至父母中有一人在杜克任教的瑪西婭，也假設在杜克禮拜堂舉行喪禮不適合像她這樣的人。

不過杜克禮拜堂羣體也有重拾信仰團隊，包括一個大學高級行政人員，以及杜克禮拜堂跨宗派會眾的一些成員，還有禮拜堂羣體的牧者阿比，她也密切參與這聯盟。瑪西婭所屬的教會若未經委員會批准便不會做任何事，所以她預備了「被委員會否決」。她預期人們會對她說：「我們不能這樣做，因為這個委員會需要開會，然後另一個委員會又要開會，不能在兩個星期內完成。」不過瑪西婭還是打電話給阿比，阿比知道應該找誰，她找森姆。

對森姆來說，這似乎是大好機會，將禮拜堂正在增長的社區事工跟校園連繫起來。他最初接觸聯盟（在序言中敍述的），是他想知道基督會在達勒姆甚麼地方出現的時候。現在有人向他提出建議：其中一個地方可能是杜克禮拜堂。

阿比身為社區牧者的角色，是令禮拜堂和達勒姆的社會弱勢社區，彼此更看見對方——相信這相遇會由聖靈充滿。與東尼的家人這次相遇，立刻顯得是這委身最可見的體現。她藉著花時間在社會弱勢社區中，認真對待別人，聆聽、分擔他們的掙扎，不假設需要有帶來改變的議程——除了她本身——從而促成信任和理解。但當伙伴找到一些東西（除了金錢和影響），是他們擁有，又可以在別人的旅程中幫助那些人時，便出現了「**與**別人一**起**」滿有成果的記號。而杜克禮拜堂，在哀傷和損失的時候，正是這樣的東西。

然而這些事情並不經常發生。這件事情會跟人們假設這榮耀、新哥德式傑作，整個州最宏偉和最神聖的建築物應有的目的不符。正如瑪西婭說：「所有這些來自不同關係的不同人士都說：『在這裏顯示愛的方法是甚麼？』沒有人問這個問題：『我們最少要做甚麼？』似乎每個人都在說：『在這個時候，在這個社區，我可以怎樣最好地向這個家庭表達愛？』」

因此，東尼被槍殺後二十四小時，一羣不同的人——瑪西婭、阿比、森姆、東尼的牧師羅德尼、羅德尼的太太，同樣是牧師的約蘭特，以及東尼的母親辛西婭——坐在東尼家的前院，計劃喪禮。羅德尼以前是監護官，曾在刑事司法資源中心工作——和好及重拾信仰事工也是透過這機構開展。他身為監護官的工作是他的事奉，直到他開始建立教會。

羅德尼和瑪西婭發現他們有很多共同的朋友。於是整個關係網絡交織起來——由聯盟到記者，到一間本地教會，到大學禮拜堂，到一個臨街教堂的牧師——全都由重拾信仰事工連繫起來。不同的人和機構，以美麗的方式重新進入彼此的生命。對森姆和瑪西婭來說，三年前開始的友誼和共同的事奉，現在到了最動人的時刻。

喪禮變成了一個三小時的守夜聚會。有一個開放的麥克風，過了很長時間，人們才發覺麥克風是向在場所有五百人開放，不分種族和階級，不分隸屬關係和坐牢的時間，不分宗教傳統和學術認可，不分語言能力和情感的穩定性。因此那裏有靜默。

那裏也有很多觸摸。東尼的身體躺在打開的棺材裏。他在死時從朋友和家人得到的親吻，可能比他二十五年的生命裏得到的更多。辛西婭一羣大學食堂的同事，穿著杜克大學的制服經過棺材。

那裏也有言語。一旦靜默和觸摸沉澱後，言語便傾出。羅德尼以浪子的比喻講道，以祭壇的呼召結束。三十個年青人，很多都是幫會成員，上前宣告自己新找到的信仰，羅德尼慢慢沿著這羣人走，為每一個人禱告。

整件事是不幸和可怖的，而透過靜默的力量，觸摸的力量，和言語的力量，不幸變成禱告。那天，那禮拜堂有一種力量，你只能稱之為上帝的力量。

開放的麥克風發出的眾多信息中，有三個特別突出。一個婦人有點猶疑地上前，告訴聚集的人：「我不知道東尼有沒有做一些十分錯誤的事。但我知道我做了多年妓女，而上帝在祂的國度為我找到一個位置。因此我知道，今天一定有一個位置給東尼。」

一個年輕的白人男子後來走到麥克風前，他穿著一套破舊的西裝，結了一條很幼的領帶。他好像來自城中更另類和波希米亞式的一邊的一個辦公室。他說：「我需要讓你們所有人知道，我希望這幾年我都在這裏與東尼一起，做他的朋友，因為在我生命中最孤單的幾年，他是我惟一的朋友。那時他的囚室在我旁邊。」突然間，我們明顯知道他們一起坐牢——對種族的可怕成見在這一刻受到質疑，很明顯的是，如果這個人有這樣的故事要講述，任何在場的人都可能在東尼旁邊的囚室。

後來，一個在達勒姆暴力文化中有相當地位的男人上前說話，他目光堅定，信念頑強：「沒有報復。如果我們要尊重東尼，我們不會彼此射殺。我們不會以他的名義施行暴力。」突然間顯明的是，按東尼的生命受到尊重的方式，人們的生命處於危險之中。

那天以在辛西婭工作的飯堂舉行酒會結束，大學讓這個家庭使用這個飯堂。瑪西婭記得，這是她三十年前剛進杜克大學時進食的飯堂。對她來說，這是有很多重新融合的一天中，最後的一個重新融合。

這是死亡，但也是復活。為甚麼描述它為復活？在整串事件中，瑪西婭最強的感覺是以失敗的感覺開始，但不是以這種感覺結束。重拾信仰事工在守夜聚會中誕生，當瑪西婭看到一個剛出獄的年青人在場。但東尼不單是出獄的年青人，他也是重拾信仰的伙伴——而重拾信仰事工正是為了好像他這樣的人設計。東尼的重拾信仰團隊成員與他同行，幫助他避免阻礙他生命的暴力。雖然東尼在出獄後過著不同的生活，但他還是死於暴力。

即時的反應是避免這樣說，因為他的死令人感到似是重拾信仰團隊的失敗，也似是整個重拾信仰事工的失敗。但瑪西婭在哀傷中學到的教訓是，生命的長短與生命的影響沒有關係。有了信心，時間變成另一種東西。時間根據永恆來計算。但根據復活，生命以不同的比例尺來量度——以它光明、恩典、良善和愛的素質，而不是它的長度來量度。

世界上很多人都以可以量度的結果來衡量成功。但關係的生命——你透過上帝的眼睛生活和觀看——粉碎成功和失敗的觀念。瑪西婭請求上帝向她解釋這點，原諒她不能保護東尼。她感到自己的心打開，她有巨大、可感知的經驗，感到自己愛的能力增長了。她感到自己在東尼的同在中。

瑪西婭有這種超越死亡地**與**東尼一**起**的經驗後，她的禱告改變了。每次她禱告，無論是在半夜或白天，她總為了在她以前來到，以及在以後來到的靈魂感謝上帝。這成了一個恩賜。她感到東尼總是**和**她一**起**。由這十分憂愁、可悲的事件——謀殺——瑪西婭的信心增加，她的生命改變，而且是變得更好。它教導她**不再**遠離社區的悲劇和痛苦。她難以相信，如果沒有損失和受苦的經驗，那改變會發生。

這適合稱為復活，因為它不單需要罪和死亡的力量，也需要罪和死亡在毒害關係和羣體，以及在社會想像力枯萎中的影響，並將它們轉化成豐盛生命的恩典和形式。這正是復活所做的事。復活表示從死亡中帶來生命——不單離開死亡的軀殼，也是觀看死亡的地點和位置——漸漸地或突然地——轉化成豐盛生命的地方。東尼的喪禮是生命從死亡中產生的時刻。那並不快樂，但卻是美麗的。

在一個有很多和諧及很多痛苦的故事中，對瑪西婭來說，有一個深刻的反諷。東尼是她的朋友——一個很親密的朋友，她幾乎被納入他的家庭中。在超過一百五十個守夜聚會中，她從未試過那麼投入一個受害人的家庭。因此，到了為東尼舉行守夜時，瑪西婭第一次真的接受聯盟的服事；她第一次身為家人中的一員出席守夜聚會，接受羣體的愛。她第一次有機會站著，公開對陌生人說：「東尼是好人和我的朋友，我永遠都愛他。」

在他家庭的溫暖中，與他的朋友連結，令她的靈魂成長。這不是另一件不可見的事件，人們會帶著論斷和恐懼轉臉不看。人們不能說：「這不是**我們**，它與**我們**無關，它不在**我們**的地區，我們不認識那個人，我們不能夠做甚麼。」相反，所有人都上前說：「我見證你們的痛苦。」這樣做時，他們除去瑪西婭的重擔，他們背負她的痛苦。

悲劇來到自己門前時，瑪西婭發現的是，我們毋須令它有好結局，才令它變得關乎上帝的國度。我們需要將自己放在一個地方，在那裏國度會介入我們，然後我們只需要留在那裏。那就是在這個情況下發生的事。瑪西婭**降服**於上帝，由巨大神聖的愛支持。

這是發生在她身上其中一件最可悲的事情，而那回應是令人難以置信的仁慈。回應不是：「我最少能夠做甚麼，我怎樣能脱離它，我怎樣能將自己分開，我怎樣不是它的一部分？」而是每個人說：「我**是**其中一部分，我**會**是其中一部分。」那巨大的愛對瑪西婭來說，是有轉化作用的。對在東尼的喪禮走到禮拜堂前面，承認他們的傷害在他們回應這悲劇時可以轉化，令他們不用回到持械和報復的三十個人，也具有轉化作用。他們一起說：「我們是彼此的守望者。比我們能夠想像更甚的是，我們**是**屬於彼此的。」

瑪西婭的服事轉向。她成了有需要的人，面對朋友突然死於暴力，她感到損失和迷惑。但現在，她被所有在哀傷和孤立的時刻沒有與她分離的人包圍。她收割她靜默的同在，她溫柔的觸摸，以及她合時的言語的收成。

## 和好

是時候重申，這特定的事工揭示了甚麼關於上帝的事情了。

上帝的基本存在模式，是**與**我們一**起**。這是我們在耶穌的故事的每個階段學到的。在道成肉身中來到我們中間，上帝在基督裏與我們「流連」。這樣做時，上帝顯示祂跟我們一起甚為愉快。上帝對我們沒有目的，除了渴望**與**我們一**起**，永遠愉快地跟我們一起。在拿撒勒與我們一起時，上帝向我們顯示一個在基督裏的身分，而做成這身分主要不是要實現可見的結果，而是要促成不能窮盡的關係。與我們一起在加利利行走時，上帝在基督裏顯明一種委身，在我們的哀傷，我們的疾病，我們的任性，我們的恐懼，以及我們的誤解中，委身於**與**我們一**起**。在十字架上懸掛多個小時，旁觀者和當局以言語刺激祂下來時，基督卻沒有下來，上帝在基督裏向我們顯示一種愛，是謹守、堅持、繼續與我們同在的，無論事情多麼糟，無論要維持多久；這種愛堅持下來，這種愛不移動，這種愛停留下來。這就是十字架：停留下來的愛。在復活中，上帝在基督裏向我們清楚表明，沒有甚麼——包括死亡和生命——能夠使我們與上帝的愛分離。而在差派聖靈時，上帝應許常**與**我們**同在**，直到世界的末了，並給我們力量，為別人成為基督，並在他們裏面找到基督，超越我們的力量和勇氣。

這本書講述的故事，是關於瑪西婭怎樣嘗試找一條路，回應她家鄉的社會危機，結果成了走向與這位上帝面對面的旅程。她原來的意圖，由對上帝的不同觀念模塑。她渴望透過立法、政策和游說解決問題，假設上帝「解決」我們的問題，但並非真正與我們**相遇**——沒有道成肉身的現實，沒有十字架的代價。甚至她早期努力舉行守夜聚會，和會見受害人所愛的人時，也仍然以「**為**」了別人，而不是「**與**別人**一起**」為主導。

但在瑪西婭發現，她為一個不久前在守夜出現的男人安排守夜聚會時，她的歸信來到。她剛硬的心融化，她發覺整個事工都是關於「**與**別人**一起**」，而不是**為**了別人。整個事工是關於拆除**我們**和**他們**之間分隔的牆。整個事工都是關於發現上帝沒有敵人。整個事工都是關於面對我們的恐懼、我們的偏見和我們避免死亡時的不足，上帝無限的愛的豐富。瑪西婭發現甚麼令她的靈魂成長時，她發現那些地方和那些人，真是的上帝的同在。避開那些地方，那些感覺，那些現實，原來是避開上帝。

守夜聚會的深刻，是它們強調——並「走向」——受害人的**缺席**。它們不嘗試以政策、策略或專長取消那缺席，或者以審判或懲罰糾正它。相反，它們以一種不同的在場，面對那缺席——雖然在場的同伴不能夠令事情更好，不能夠令事情愉快人心，但這可以指向和展示好些同氣連枝的素質，是由「**與**別人一**起**」這幾個字總結起來的。

在大量槍擊暴力的社會危機裏，最嚴重的是，**非存在**（not-being）的個人和關係危機——應付突然和暴力的死亡，以及活著、有愛的人類的缺席。聯盟的事奉的哲學見證，是以「**與**別人一**起**」這個詞，決意作補償，補償在哀傷的絕望中，按「**存在**」這個詞，痛苦地失去的東西。

「**與**別人一**起**」，基本上是嘗試效法上帝，因為上帝面對我們的死亡——我們自己的非存有（non-being）——正是這樣做。上帝**與**我們一**起**。上帝是那位存有，祂基本地、確定地、終極地是**與**別人一**起**。豐富地、充足地、頑強地、不顧一切地。因此我們的回應可以很簡單地說出來。我們要**與**上帝一**起**。**與**彼此一**起**，是我們效法、宣告和見證上帝**與**我們一**起**的方式。關於上帝的一切，都以「**與**別人一**起**」傳達。因此關於聯盟的一切，尋求透過相同的——**與**別人一**起**——傳送。聯盟只是一個關於上帝本質的大膽神學宣稱，在面對死亡時讓人知道。

開始時，瑪西婭嘗試帶來和平，但卻不要求和好。那是立法的技術提供的：創造更好的世界，卻不需要我們成為更好的人。她失敗了。接著她走一段漫長的旅程，幫助人們彼此和好。在過程中，她明白我們基本上不能彼此和好，除非我們與上帝和好。但只有當她自己是受害人所愛的人，只有當她所愛的人的血從地裏呼喊，她哭泣和無助時，她才來到一個地步，令她需要與上帝和好。那不再是她為別人促成的過程：那是她自己十分需要的事奉。

那時她終於明白和好的真正意思：發現上帝正是棲居在那些時刻，基督受苦的同在不是上帝的答案，不是上帝的解決方法，而是上帝的愛。那是遇見上帝，並找到自己存在於，永恆地享受和體現那同在、受苦的愛。

# 拾穗

這裏的十根落穗，都是來自謀殺案受害人所愛的人、前囚犯、重拾信仰團隊成員、聯盟朋友和很多禱告的教導。瑪西婭從同在的踐行中學到的每個教訓，都以弔詭的形式顯示：死亡中的出生；透過施予而擁有；由不可知揭示的智慧。

1. 我對別人的惟一判斷是，我們同樣蒙上帝祝福。
2. 我在上帝無限豐富的處境中，發現我的獨特性的喜樂。
3. 我活在永恆中。我以上帝同在的表達，而不是指定的結果，來衡量成功。
4. 在處理任何困難或衝突前，要問自己的最重要問題是：「我接受和愛這個人，好像上帝接受和愛我一樣嗎？」
5. 我記得我的靈魂——我存在於上帝心裏——時，我的恐懼便消除。

6. 我的靈魂是為所有人的，因為我的靈魂與所有人一起。我們在上帝裏是合一的。
7. 愛的喜樂，保存在苦難中，包括我自己的苦難。
8. 接受上帝的愛，好像吸入。回應別人的苦難，好像呼出。如果我做第一件事而不做第二件，我會暈倒。
9. 醫治是上帝最偉大的奧祕。我不能解釋它。我不能避免它。
10. 公義的核心是憐憫。我停止論斷時，公義便開始。

# 閱讀指引

## 供個人反思或小組討論的問題

### 導論、1 拿撒勒

1. 你的社區有甚麼社會問題或困難，令你心碎？你對甚麼需要充滿熱誠？你怎樣嘗試應付這些需要？
2. 森姆和瑪西婭提出四種參與在別人之中的方法——**為**別人**做事**、**與**別人**一起做事**、**為**別人**存在**，和**與**別人**一起**。哪一種參與方式對你是自然的方式？有沒有哪一種是你想多練習的？
3. 你可以想到一個情況，是似乎要求你**為**別人**做事**的嗎？那情況建立怎樣的關係？那些關係有甚麼限制？
4. 想一個例子，是耶穌在福音書中實行「**與**別人**一起**」或「**為**別人**存在**」的。對怎樣好好實行這些參與的形式，我們從祂的例子中可以學到甚麼？

## 2 事奉

1. 你或你的教會定期參加甚麼事奉？你們怎樣蒙召加入那些事奉？
2. 在你自己的事奉經驗中，甚麼參與方式吸引你，更接近耶穌和祂的國度？有沒有令你感到挫敗的經驗？你有沒有因為挫敗或失望，而離開任何事奉？
3. 在「為」槍擊暴力受害人「存在」的過程中，瑪西婭學到甚麼？「**為**別人**存在**」可以怎樣改變你在自己處境中事奉的方式？
4. 森姆寫道，瑪西婭「找到一種克服恐懼，以愛取代它的謙卑」。甚麼信念令這種謙卑變得可能？甚麼踐行體現這種謙卑？
5. 「**為**別人**存在**」怎樣影響瑪西婭對「**為**別人**做事**」的理解？這些不同的參與模式怎樣互相倚靠？
6. 甚麼推動聯盟由「**為**別人**做事**」，轉為「**與**別人**一起做事**」？這種參與的轉變，可以怎樣改變你參與的事奉？

## 3 靜默

1. 被迫靜默和選擇靜默，有甚麼分別？守夜聚會於同在的事奉中，扮演甚麼角色？
2. 初期基督教修道主義的靜默禱告，包括委身於不從鬼魔和邪惡的思想「逃跑」。聯盟的事奉怎樣體現這種委身？從他們面對暴力時的穩定，浮現出甚麼？
3. 你花了多少時間在你事奉的地方聆聽？你聆聽時，聽到甚麼？
4. 森姆和瑪西婭寫道：「禱告是你有意識地要求上帝，令你的靈魂成長的時候。」甚麼令你的靈魂成長？有沒有障礙阻止你在事奉中與其他人一起的時間，變成禱告的時間？
5. 靜默怎樣是「與上帝同氣連枝」？在你生命中，這對你有甚麼意思？

## 4 觸摸

1. 想一想你生命中一個痛苦的時刻，是你被觸摸的。那是否安慰的觸摸？還是暴力的觸摸？為甚麼觸摸那麼有力——無論是好還是壞——即使它是溫柔的時候？
2. 說觸摸是個操練，是甚麼意思？我們怎樣學習好好地觸摸？
3. 你生命中有沒有人或地方，是你害怕觸摸的？這恐懼怎樣影響你的事奉？
4. 森姆和瑪西婭寫到「觸摸空虛」時，他們指的是甚麼？你可以想到一個時間，是你在事奉中觸摸空虛嗎？在那裏，你怎樣禱告？

## 5 言語

1. 你可以想到事奉中的一個時間，是你説錯了話嗎？你怎樣知道自己説錯了話？
2. 關於怎樣與暴力事件的受害人説話，瑪西婭學懂甚麼？甚麼説話幫助我們，與和我們不同的人建立連繫？
3. 你在哪裏學到怎樣向上帝説話？
4. 甚麼具體的操練協助瑪西婭踐行哀慟？你怎樣學習哀慟？
5. 為甚麼我們敢於為上帝説話？有甚麼危險？向羣體宣告的恩賜是甚麼？向我們呢？

## 6 國度

1. 想一想你生命中，你能夠記得的最艱難時刻。你轉向誰求助？那人或那團體怎樣是你的信仰團隊？
2. 東尼的信仰團隊為他提供甚麼？東尼給他們甚麼？
3. 在聯盟與東尼的關係的故事中，你看到甚麼復活的記號？你可以說出這些記號的種子在甚麼時候播下嗎？
4. 我們怎樣衡量，我們參與的事奉是否成功？我們有甚麼目標？我們應該找甚麼進展的記號？
5. 這章講述的故事有甚麼神學意義？它教導我們甚麼關於上帝是誰的事情？
6. 閱讀這章後的〈拾穗〉。現在哪一項對你來說是最深刻的？你從這本書帶走甚麼落穗？

# 註釋

## 1 拿撒勒

1. 和好及重拾信仰團隊，是非暴力達勒姆宗教聯盟的事工的一個主要部分。團隊包括重拾信仰伙伴(剛離開監獄的男人或女人)和大約六名成員，每一個都參與一間本地教會。第六章描述這事工。
2. The Brady Campaign to Prevent Gun Violence, "Facts on Gun Violence", www.bradycampaign.org/facts/gunviolence?s=1; Children's Defense Fund, "Protect Children Not Guns 2009", www.childrensdfense.org/child-research-data-publications/data/protect-children-not-guns-report-2009.pdf; Illinois Council Against Gun Violence, "Facts", www.ichv.org/facts-about-gun-violence/; and the National Education Association Health Information Network, "Statistics: Gun Violence in Our Communities, www.neahin.org/programs/schoolsafety/gunsafety/statistics.htm.
3. 為別人做事、與別人一起做事，和與別人一起，這些分類取自 Sarah White and Romy Tiongco, *Doing Theology and Development: Meeting the Challenge of Poverty* (Edinburgh: Saint Andrew Press, 1997), 11～15。兩位作者都沒有進一步發展這些觀念。為別人存

在，這個觀念在 David Kelsey, *Eccentric Existence: A Theological Anthropology*, 2 vols. (Louisville, Ky.: Westminster John Knox, 2009), 803～807 中描述。

4. 這些工作呼應 Tom Cornell 的自我描述，“A Brief Introduction to the Catholic Worker Movement”, www.catholicworker.org/historytext.cfm?number=4。

5. 參 White et al., *Doing Theology and Development*, 14。

6. 它由人作為事工的對象，轉到成為事工中的伙伴和同工。正因為這樣，聯盟給剛從監獄出來，成為重拾信仰團隊的成員的人「伙伴」這個稱號。

7. 這個段落重新闡釋 White et al., *Doing Theology and Development*, 14。

8. Irenaeus of Lyons, *Against the Heresies* 4.20.7.「因為上帝的榮耀是活生生的人；人的生命在於注視上帝。因為如果上帝的彰顯是由創造帶來，給所有生活在地上的東西生命，那麼透過道而來的父的啟示，給那些看見上帝的人生命，其果效更大。」www.ccel.org/ccel/schaff01.ix.vi.xxi.html.

9. Augustine, *On Christian Doctrine*, trans. J.F. Shaw (Edinburgh: T & T Clark, 1892), bk. 1, chaps. 3～4, 9.

# 關於杜克神學院復和中心

## 我們的託付

中心在二〇〇五年成立，其使命源自使徒保羅在哥林多後書五章的肯定：「上帝在基督裏，叫世人與自己和好」，「並且將這和好的道理託付了我們」。

在很多方面，也因著很多原因，基督徒羣體沒有接受這挑戰。在衝突和分歧中，從美國的家庭破碎、被遺棄的地區、都市中的暴力，以及種族分歧，到盧旺達和蘇丹的種族清洗，教會通常都反映社會，而不是向社會作見證。作為回應，中心嘗試模塑和強化基督徒在復和方面的、具轉化作用的領導。

## 我們的使命

復和中心植根於基督徒對上帝使命的異象，藉著培養新領袖，傳遞智慧和盼望，以及在外展中結連，增強領導能力，在分裂的世界中推進上帝的復和使命。

## 我們的計劃

- 透過每年五天的夏季學院和其他聚會及工作坊，服事美國和全球的基督徒領袖。
- 非洲大湖開展計劃（African Great Lakes Initiative）服事烏干達、南蘇丹、東剛果、盧旺達、布隆迪和肯雅。
- 每年有復和者週末，介紹主要的踐行者和神學家。
- 透過在杜克神學院的住宿計劃，在復和事工中作深入模塑。
- 在典範的踐行羣體中，推行「教導羣體學徒計劃」（Teaching Communities apprenticeships）。
- 復和資源書系。
- 探訪實際從事復和工作的人。
- 讓美國和非洲的學生及其他人，參加體驗痛苦和盼望的朝聖之旅。

## 你可以怎樣參與

- **為我們和我們的事工禱告。**
- **在財政上，與中心結成伙伴。**

- **加入我們的旅程。**無論你是學生、牧者、實際從事復和工作的人、事工領袖或平信徒，中心都想在復和的旅程上支持你。你可以細看我們的網頁，想想可以怎樣與我們聯繫，http://divinity.duke.edu/initiatives-centers/center-reconciliation。

如果想了解我們的計劃或支持我們的工作，請與我們聯絡。

The Center for Reconciliation

Duke Divinity School

Box 90967

Durham, NC 27708

電話：919.660.3578

電郵：reconciliation@div.duke.edu

網址：http://divinity.duke.edu/initiatives-centers/center-reconciliation